현직 심사위원 정소윤의

피아노 콩쿠르
대상 비밀

KB193341

𝄞 ChaCha Friends

머리말

음악을 공부하는 사람에게 콩쿨이라는 것은 떼려야 뗄 수 없는, 피할 수 없는 관문입니다. 콩쿨에서는 아무래도 상대적인 경쟁인만큼, 변별력 있고 어려운 곡을 잘 소화해 낸다면 좋은 결과를 얻을 수 있겠지요. 그렇지만 초등학생들은 음악적으로나 테크닉적으로나 어느 정도 한계가 있기 때문에, 적당한 곡을 고르기가 더욱 어려운 것이 사실입니다.

학원이나 현장에서 이런 고충을 겪고 계시는 선생님과 학생들의 요청이 끊임없이 이어지기에, 오랜 콩쿨 심사의 경력에서 얻게 된 경험과 지식을 바탕으로, 초등학생들을 위한 콩쿨곡을 엮어내게 되었습니다. 아주 어린 초등학교 저학년 학생부터, 예중 입시를 준비할 수 있는 고학년의 수준 높은 학생들까지, 이 책만 있으면 어떤 곡을 치면 좋을지 아이디어를 얻을 수 있도록 구성하였습니다. 특히 악보에는 온오프라인 세미나에서 강의했던 많은 부분들을 최대한 세세히 담아, 저에게 직접 레슨 받지 않고도 이 곡을 많은 부분 소화할 수 있도록 애써보았습니다.

콩쿨에서 효과를 볼 수 있는 작품들을, 좀 더 눈에 띄는 좋은 연주가 될 수 있는 팁들을 담아 구성하여 보았으니, 콩쿨을 준비하는 초등학생들과 그들을 지도하는 선생님들께 구체적이고 직접적인 도움이 되지 않을까 기대합니다.

음악에는 빠른 길도 없고, 손쉽게 무엇을 얻을 수 있는 길도 없지만, 묵묵히 그 길을 걸어가는 학생들에게 부디 이 책이 작은 지름길이 되어주기를 바랍니다.

저자 정소윤

저자 정소윤은 예원학교와 서울예술고등학교를 졸업한 뒤, 서울대학교 음악대학 기악과에 피아노 전공으로 수석 입학 및 수석 졸업하였다. 최우등상과 서울대학교 총동창회장상을 수상한 탁월한 피아니스트이다. 이후 서울대학교 대학원에서 석사 과정을 수석으로 마쳤고, 박사 과정 중 전액 장학생으로 도미하여 클리블랜드 음악원과 인디애나대학교에서 최고연주자 학위(Artist Diploma)를 취득하였다. 특히, 인디애나 대학교에서는 전설적인 피아니스트 메나헴 프레슬러와의 인연으로 전액 장학금을 받고 수학하며 학문적, 음악적 역량을 더욱 단단히 다졌다.

서울대학교, 전남대학교, 세종대학교 등 국내 유수 대학에서 강사로 활동한 경력을 바탕으로 현재 건국대학교 겸임교수로 재직 중이다. 또한, 남해 뮤직 아카데미와 프랑스 Musicalita Summer Festival 교수진으로 활약하며 국제적인 음악 교육에도 기여하고 있다.

예원학교, 서울예고, 선화 예중고 등에서 후학 양성에 힘쓰는 한편, 대전 예술의 전당 영재 아카데미 멘토로 클래식 영재들을 위한 교육에도 열정을 쏟고 있다.

클래식의 대중화에도 깊은 관심을 가지고 개인 유튜브 채널 <정소윤의 음악노트>를 운영하였다. 인기 유튜버 <또모>와의 협업 영상을 통해 총 누적 조회수 5000만 회 이상을 기록하며 큰 주목을 받았다. 클래식 음악의 진입 장벽을 낮추고, 다양한 콘텐츠를 통해 음악을 더욱 친숙하게 전달하고있다.

차례

Albert Pieczonka
Tarantella in A Minor

피악존카의 타란텔라는 빠른 부분과 노래하는 부분이 모두 갖추어져 있고, 리듬감 있는 구성 때문에 초등 저학년 부에서 콩쿨에 나간다면 좋은 효과를 낼 수 있는 작품입니다.

타란텔라의 어원을 살펴보면 타란툴라(Lycosa-Tarantula)라는 독거미에서 기원하였다는 설이 있습니다. 이 독거미에 물리면 히스테리성 발작 증세를 보이며 빙글빙글 돈다는 증상에서 이 춤의 모티브가 시작되었다고 볼 수 있습니다. 보통 3/8 이나 6/8 같은 빠른 3박자 계통으로, 장조와 단조가 번갈아 나오는 특성이 있습니다. 학생들이 이 곡을 잘 연주를 하기 위해서는 [①흔들리지 않는 고정박 유지, ②왼손에서 보이는 긴 Bass Line 잡기, ③악상기호의 분명한 표현]이 가장 중요한 키 포인트라고 할 수 있겠습니다.

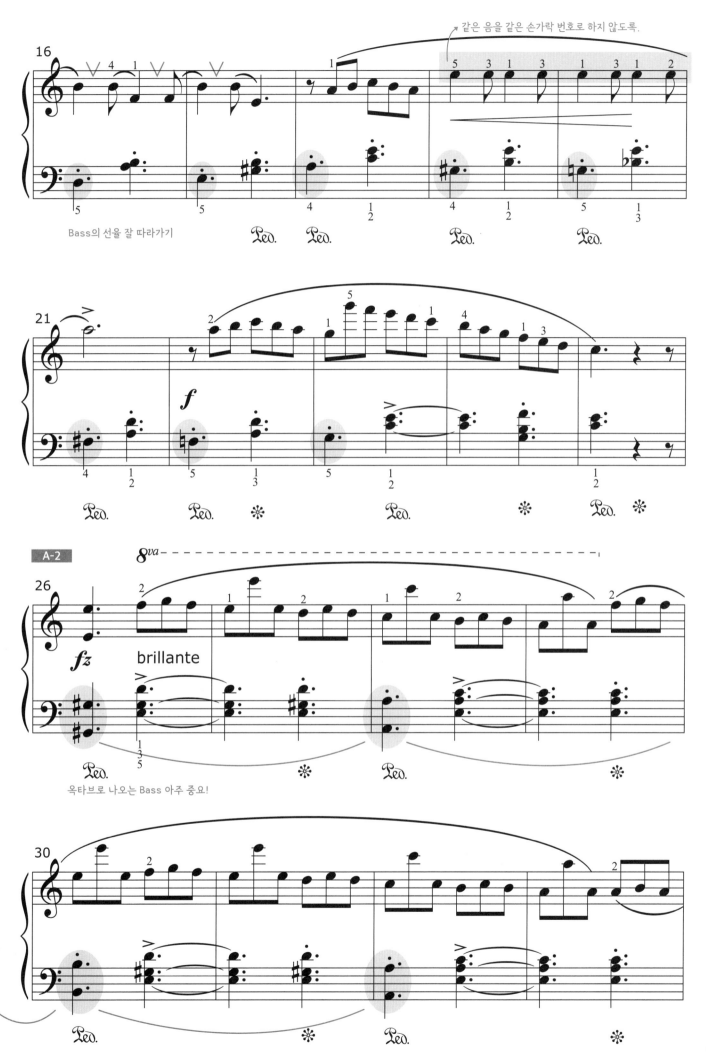

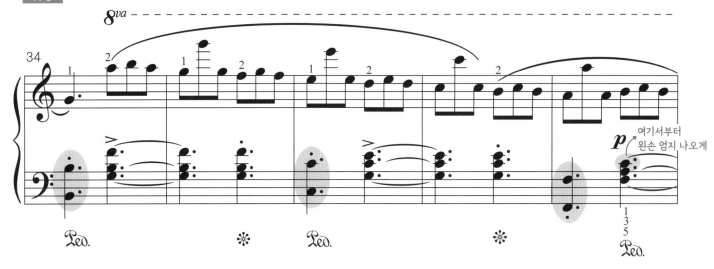

여기서부터
왼손 엄지 나오게

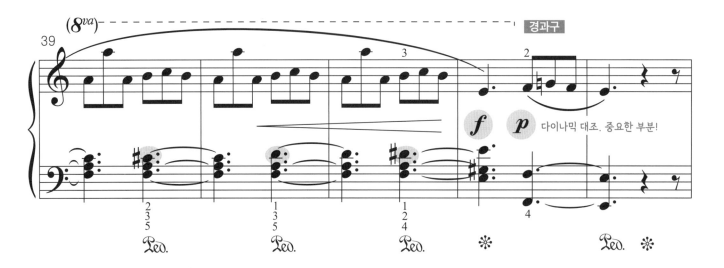

경과구

다이나믹 대조. 중요한 부분!

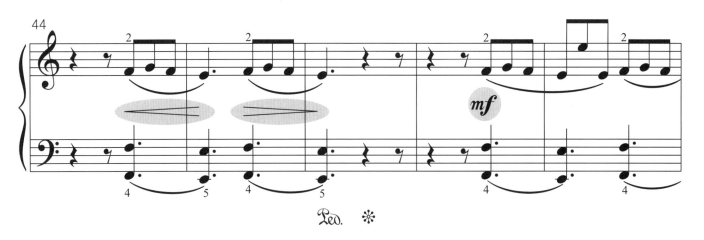

드라마틱한 강약 변화를 표현해 주어야 하는 부분

A-1

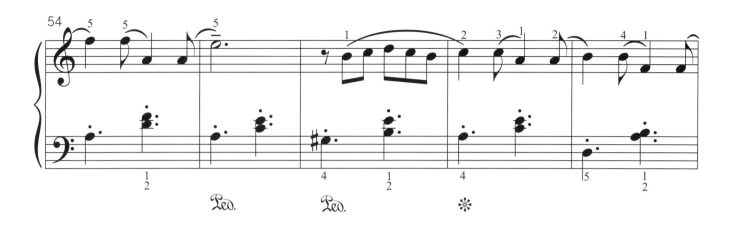

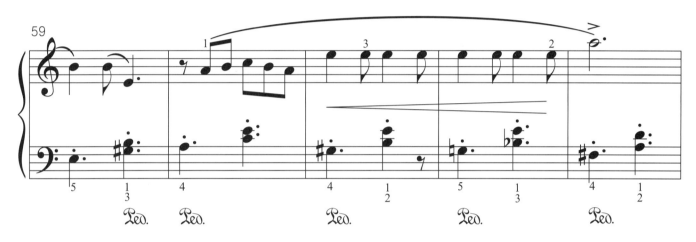

앞 22마디와 다른 부분 시작. 더 활짝 펼쳐지는 느낌으로!

C-1 dolce e cantabile 부드럽게 노래하는 부분. 앞과 대조적인 느낌 살리기.

이음줄의 마지막 음을 작게 표현하기.

2중주

2,1번 손가락이 작고 가볍게

윗소리 연결되는 느낌으로

연결 pedal 사용하기

C-2 뒤는 거의 앞과 동일하게 연주하면 됩니다. (179마디까지 거의 동일한 구성)

8

A-1'

un poco riten.

a tempo

mp

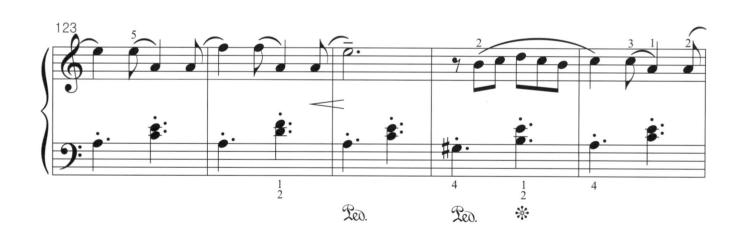

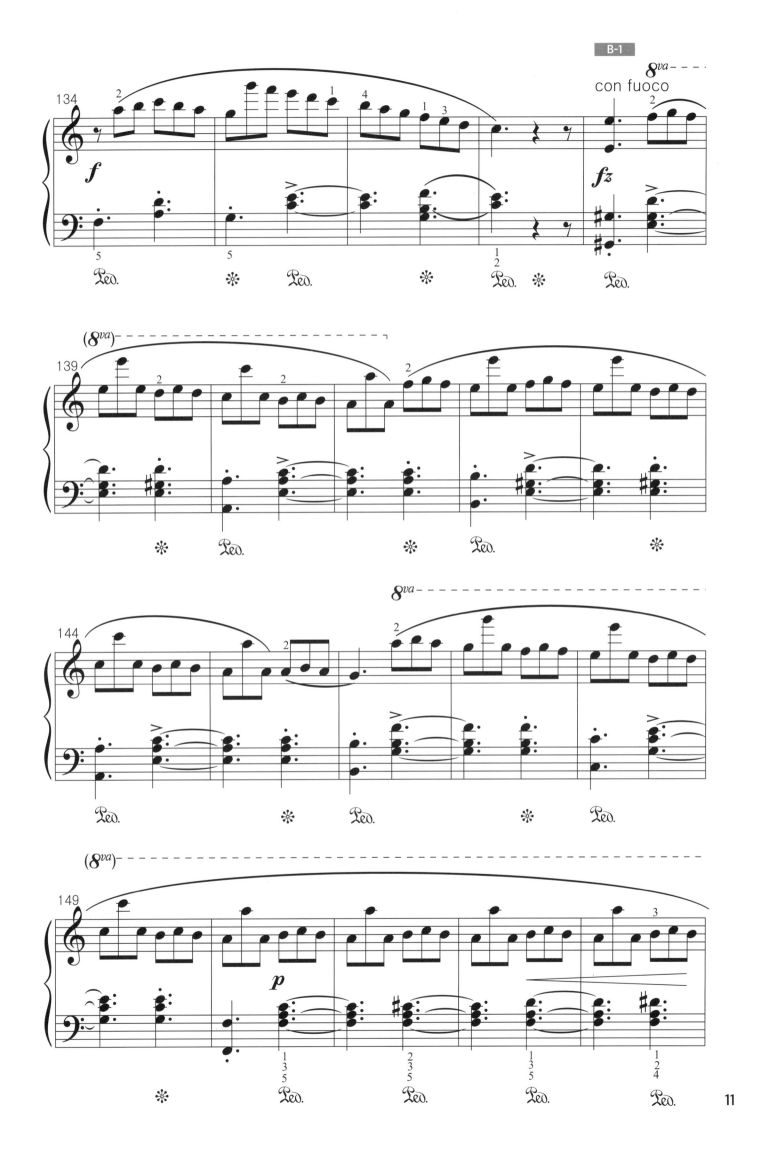

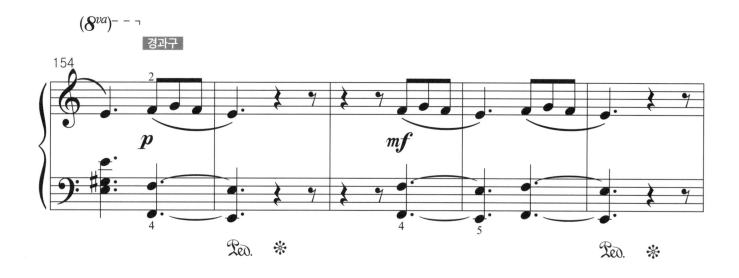

경과구

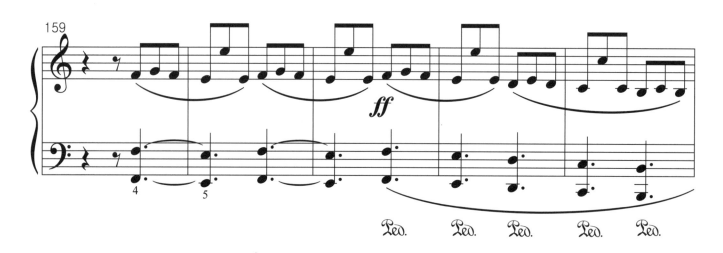

A-1'

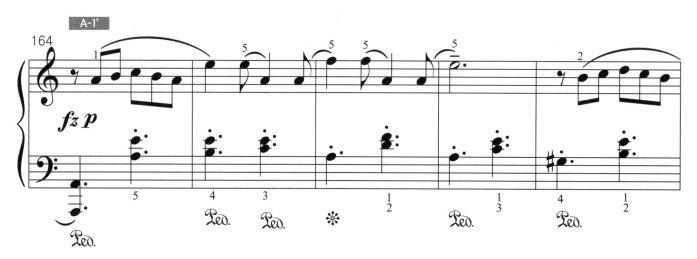

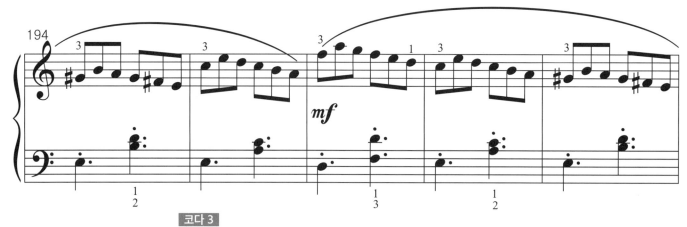

코다 3

poco a poco accel. 이제 점점 빨라지며 독거미에 물린듯이!

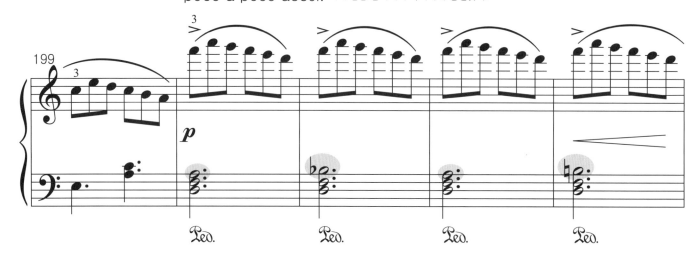

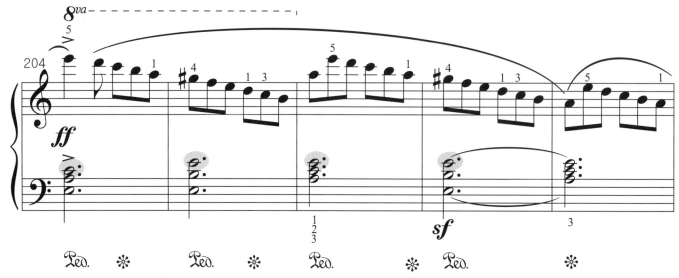

건반에 빠르게 들어가며
멋진 모션으로 마무리 하기

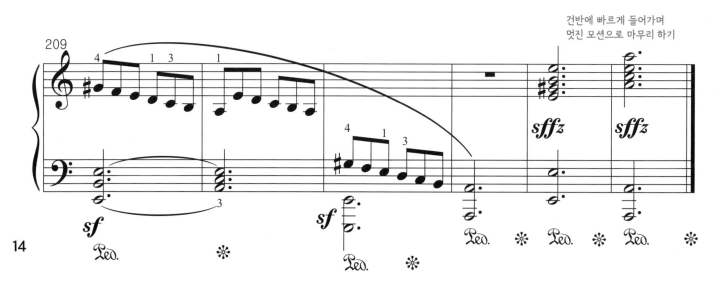

William Gillock
The Witch's Cat

Gillock의 A Witch's Cat은 제목(마녀의 고양이)에서 연상되듯이, 상상력을 펼쳐 재미있게 연주하기에 적당한 곡입니다. 초등 저학년부에서 아직 손가락이 잘 돌아가지 않거나 긴 호흡의 연주를 하기 어려운 학생들이 콩쿨곡으로 선택하기에 좋은 작품이라고 할 수 있습니다. 두 페이지의 짧은 곡이고, 캐릭터를 살려 재미있게 연주하면 좋은 효과를 얻을 수 있습니다. 이 곡에서는 ①못갖춘마디의 약박과 강박의 대조, ②4분음표 박자의 긴장감, ③p와 f의 대조적 표현을 잘 하는 것이 중요한 포인트입니다.

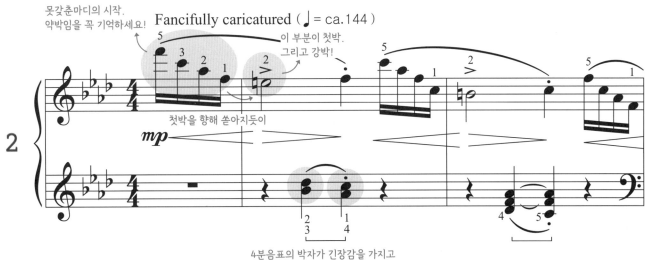

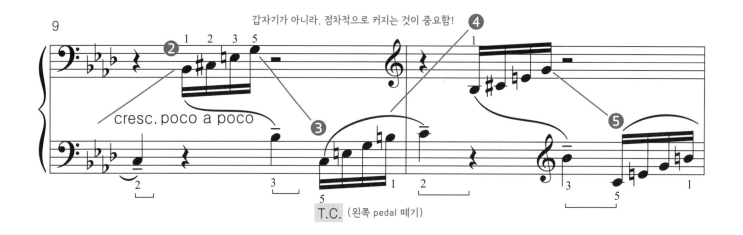

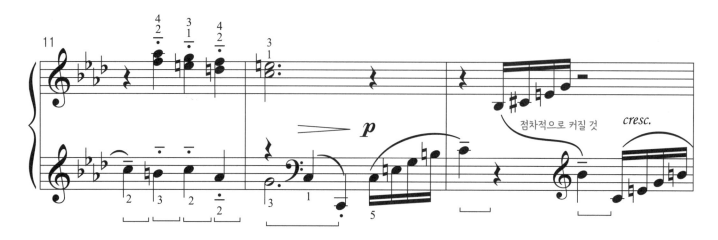

D.C. al Coda
처음으로 돌아가기

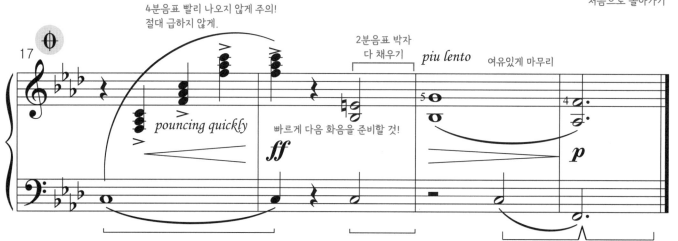

William Gillock
Fountain in the Rain

Gillock의 Fountain in the Rain은 빠른 곡을 치기에 아직 실수가 많은 학생들이 치기에 좋은 곡입니다. 사실상 오른손에서 한 마디에 한 화음 정도의 간단한 패턴 반주만 하기 때문에 다양한 패턴으로 움직이지 않아서 익히기에 어렵지 않지만, 효과가 좋은 곡입니다. 이 곡에서는 왼손과 오른손의 교차가 주요 테크닉이기 때문에 양손을 교차하는 포지션을 익숙하도록 하는 것이 중요합니다.

또한 음악적으로, 화음이 바뀔 때마다 다른 색깔을 연상하며 다양하게 표현해 내는 것, 악상이 다양하게 바뀌는 것을 극적으로 표현해주는 것이 중요하다고 하겠습니다.

A-2 달라지는 화음에 따라 달라지는 셈여림 표현 중요!

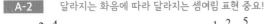

화음마다 다른 색깔이 펼쳐진다고 생각하세요.

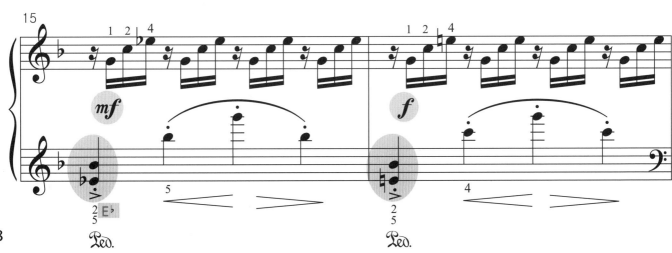

18

작아지지 않고 유지하기

살짝 작아졌다가

다시 커지기!(마지막 음을 향해)

너무 오래 걸리지
않도록 빠르게
굴리는 연습.

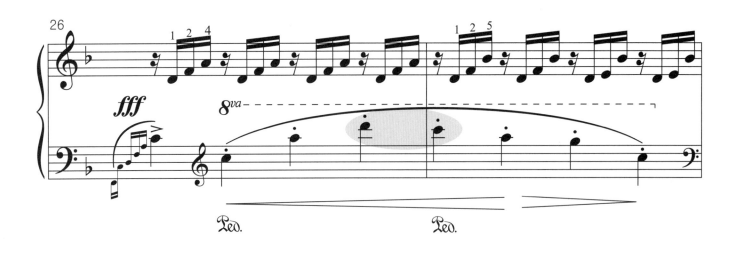

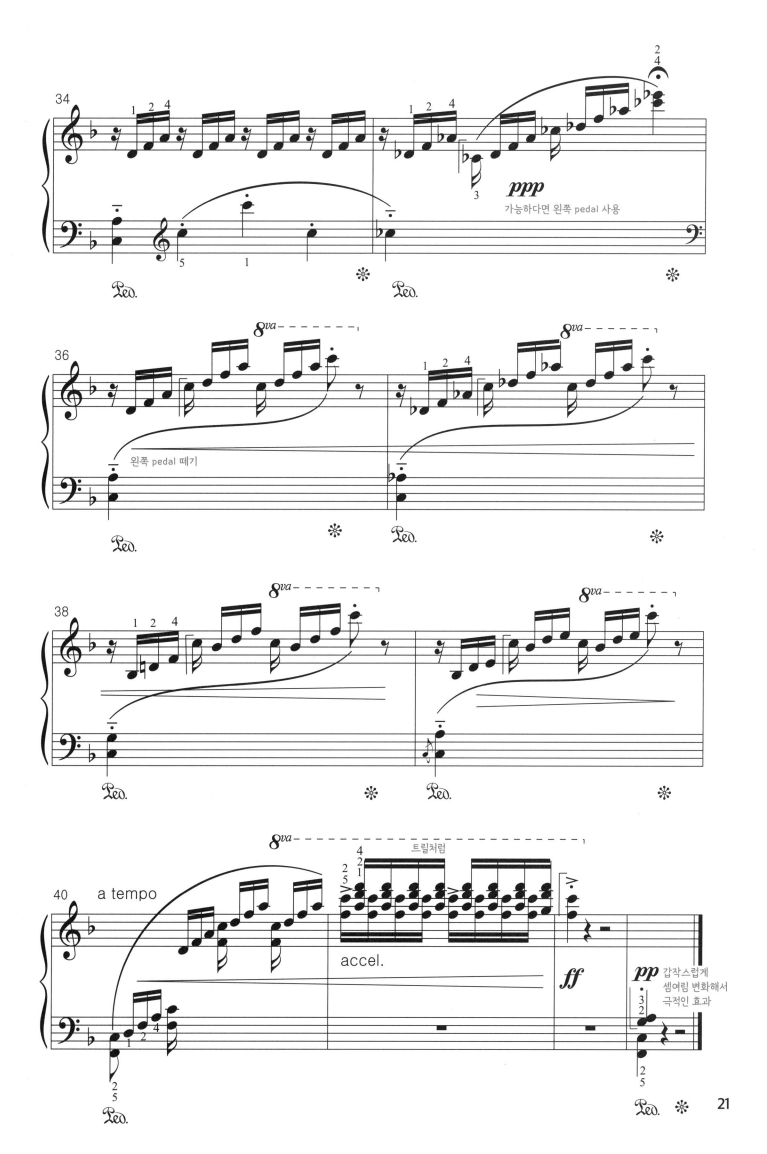

Carl Czerny
24_Airs Populaires en Rondeaux
Op.609_No.18_
"La_clochette_de_Paganini"

Czerny가 편곡한 Paganini의 La Campanella는 리스트가 편곡한 곡보다 훨씬 쉬워서, 어린 학생들이 쉽게 칠 수 있으면서도, 라 캄파넬라 특유의 멜로디와 아름다운 종소리를 잘 느낄 수 있는 작품입니다. 6/8박자를 잘 느끼면서 리듬감을 살려 표현한다면, 콩쿨에서도 좋은 효과를 기대할 수 있습니다. 전체적으로 8분음표간의 텐션(긴장감)이 살아있도록, 음 사이의 간격이 좁아지거나 넓어지지 않도록 공이 통통 뛰는 것 같은 느낌으로 표현해 주는 것이 중요합니다.

22

②:①번 보다 강하게 연주하기

분위기 전환

dolce

cresc.

앞 부분 보다 고조된 느낌

트릴처럼 화려하게

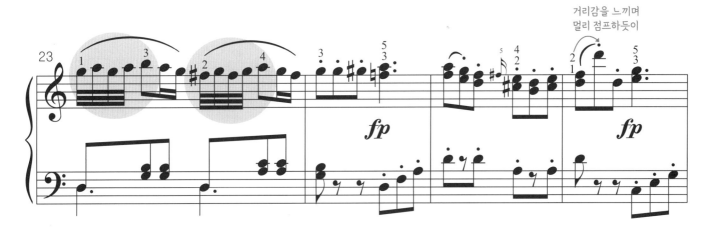

거리감을 느끼며
멀리 점프하듯이

리듬 쏟아지지 않게!

급해지지 않게!

앞부분과 대조

왼손 5번 Bass만 들리고
1, 2번 소리는 아주 작게 힘빼서

5번에 기대듯이

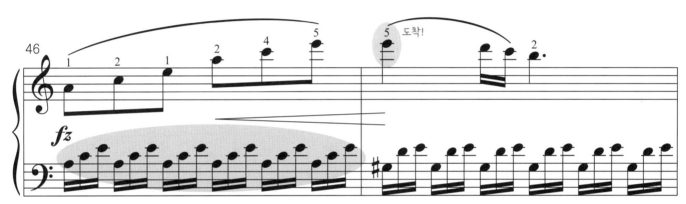

하나의 화음. 모든 소리를 열심히 치지 말고, 한 마디 전체를 하나로 뜯기

왼손보다는 오른손으로 들으면서.

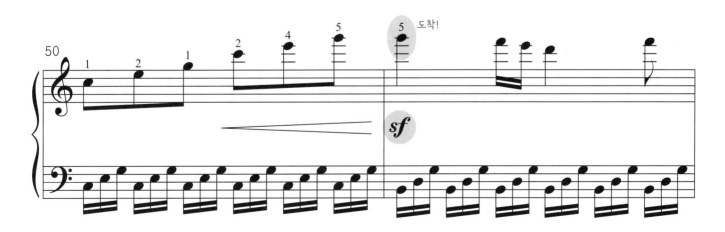

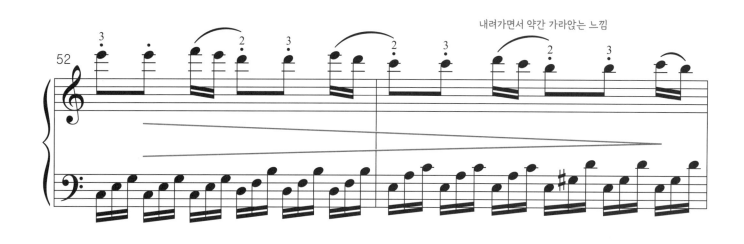

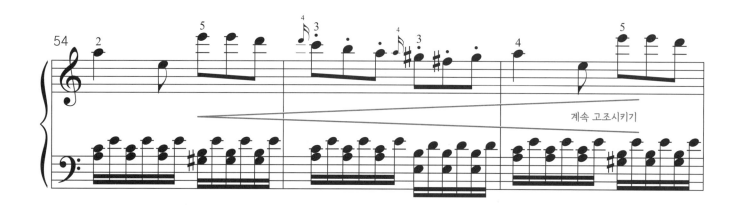

Moritz Moszkowski
Pieces Mignonnes, Op. 77 No. 6, "Tarantella"

Moszkowski의 Tarantella Op.77 No.6은 역시 타란텔라의 특징을 잘 가지고 있는 빠른 6/8박자의 춤곡입니다. 중간에 scherzando 부분에서는 또 다른 분위기를 보여줄 수 있어서, 곡 전체의 리듬감과 중간에 달라지는 분위기를 잘 표현한다면 좋은 효과를 낼 수 있습니다.

이 곡에서는 리듬이 빨라지거나 급해지지 않도록, 정확하고 일정한 템포를 유지하는 것이 아주 중요합니다. 8분음표 리듬이 오른손에서 나오거나 왼손에서 나오거나, 빠르기가 바뀌지 않도록 유의하세요. 정확하고 변함없는 8분음표의 고른 표현이 키포인트입니다. 그리고 액센트나 *sf* 표시된 부분에서 그 음을 잘 강조해주어야 이 곡의 포인트를 더욱 잘 나타낼 수 있답니다.

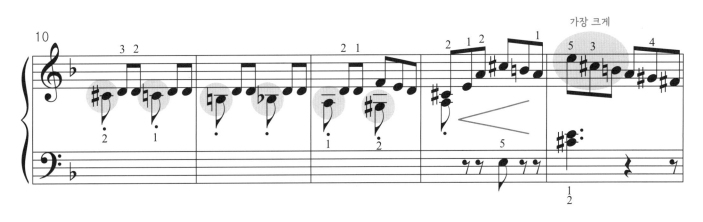

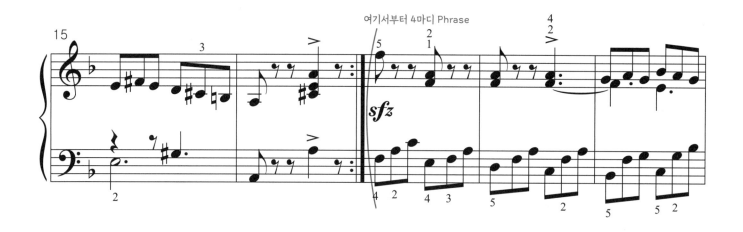

여기서부터 4마디 Phrase

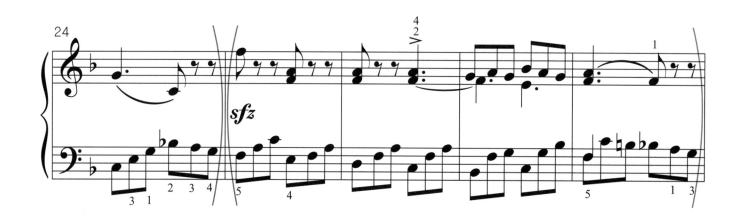

변화하는 음들을
더 잘 들리게

좀 더 크게

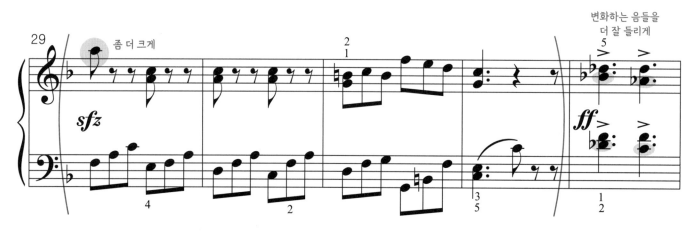

28

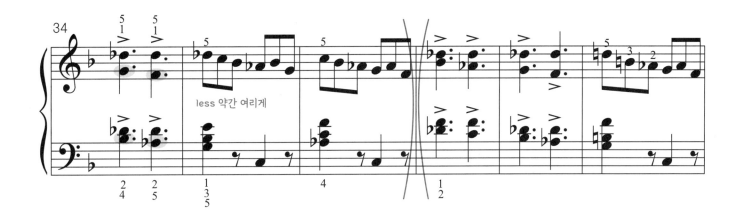

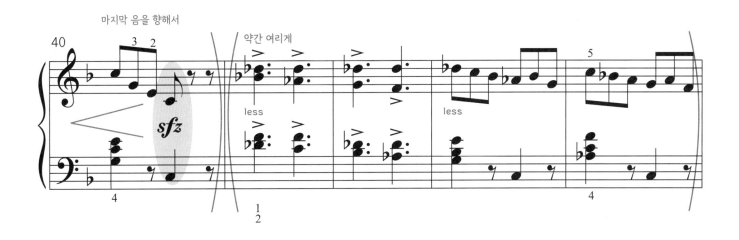

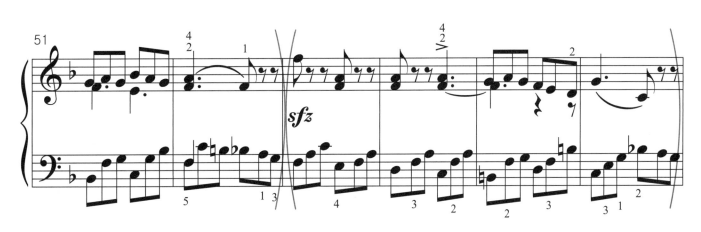

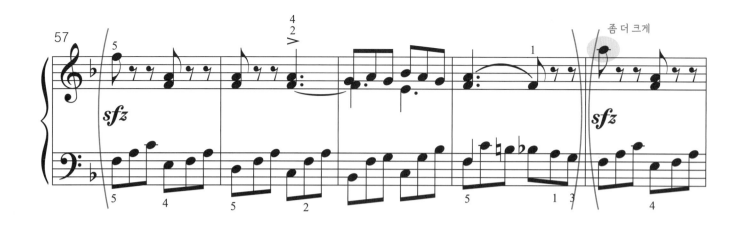

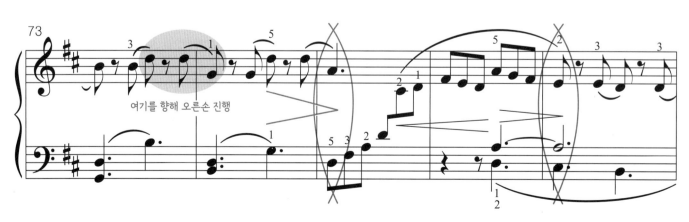

여기를 향해 오른손 진행

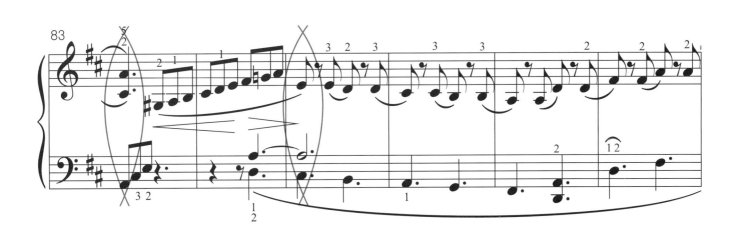

살짝 여리게(조 바뀜)

여기가 가장 작게   cresc.

가장 중요!

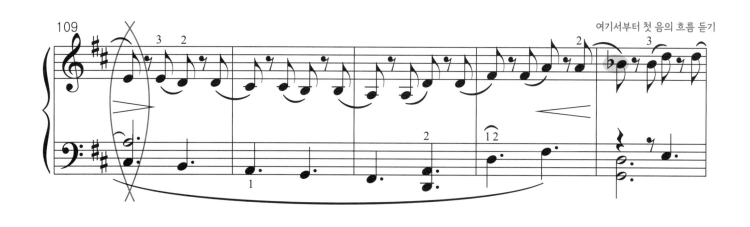

여기서부터 첫 음의 흐름 듣기

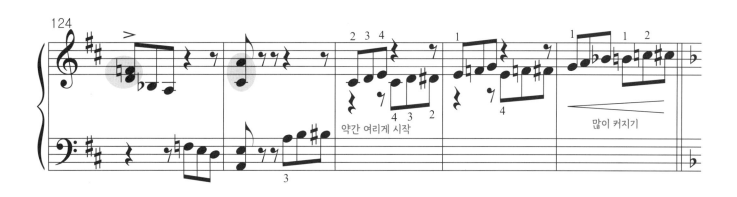

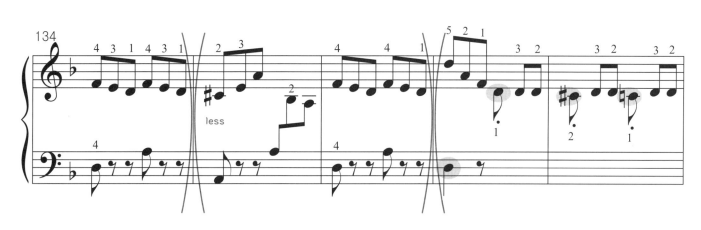

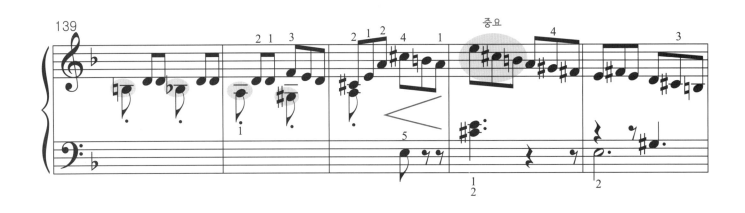

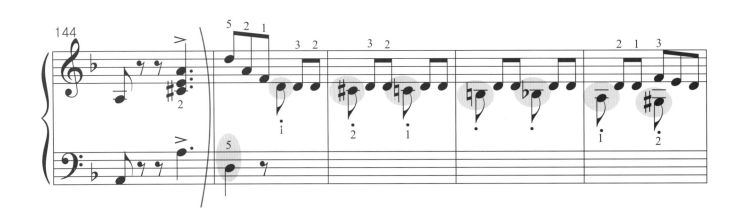

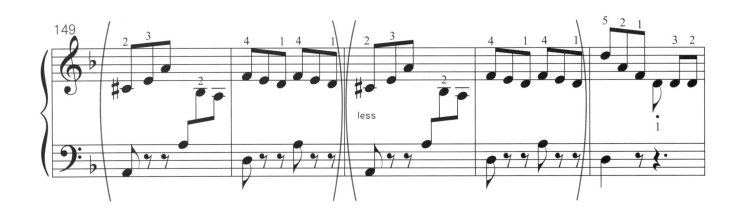

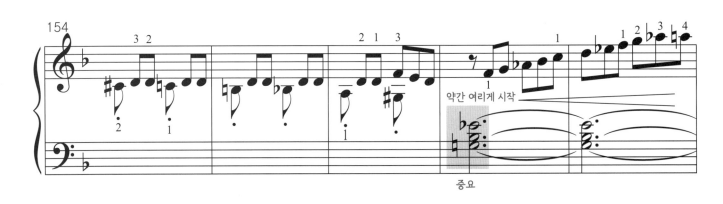

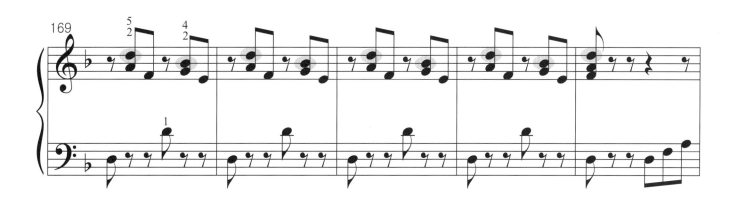

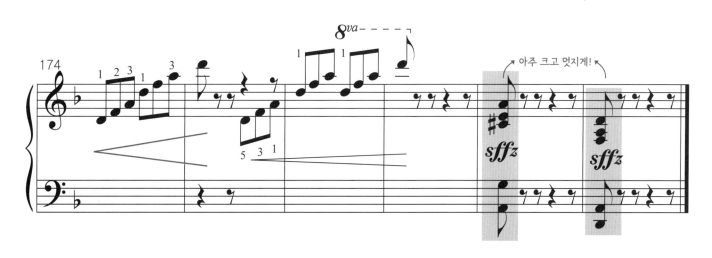

Robert Muczynski
Desperate Measures (Paganini Variations), Op. 48

초등학생 중에서 중급자를 위한, 그리고 성인 아마추어 중 멋진 곡 연주를 원하는 분들을 위한 첫 번째 추천곡은 Muczynski의 Desperate Measures(Paganini Variaions)입니다. 모차르트나 하이든이 아니고, 무진스키의 바레이션이라는 점이 의아하실 수도 있는데요, 모차르트나 하이든처럼 빠른 16분음표나 32분음표의 음형이 몇 마디 동안 지속되는 패턴이 자주 등장하는 작품은 사실 연주하기 매우 까다로운 편에 속합니다. 게다가 변별력이 뛰어나기 때문에 못치는 학생과 잘 치는 학생의 차이가 더 극명히 드러납니다. 그래서 모차르트나 하이든의 작품들이 콩쿨의 지정곡이나 입시 지정곡으로 자주 등장하는 것이지요.

제가 중급자에게 모차르트나 하이든보다 앞서 무진스키의 바레이션을 추천드리는 것은 바로 이러한 이유입니다. 악보가 하이든, 모차르트보다 어려울 수 있지만, 자신의 실력보다 잘 쳐 보일 수 있고, 콩쿨에서 좋은 효과를 낼 수 있는 곡이거든요. 물론 뒤로 갈수록 초등학생이 소화하기는 어려운 넓은 화음이나 테크닉이 나옵니다만, 콩쿨에서의 연주는 보통 2-3분 내에 끝나기 때문에 바레이션 3,4번 정도까지만 소화할 수 있다면 충분히 연주가 가능합니다.

이 곡에서도 탄력적인 리듬의 표현이 아주 중요한데요, 쉼표가 많은 만큼 쉼표에서 빨라지거나 늦어지지 않도록, 쉼표의 리듬이 정확하게 지켜져야 리듬의 탄력성을 잃지 않을 수 있습니다. 또한 점차적으로 커지거나 점차적으로 작아지는 부분도 있지만, 갑작스럽게 다이내믹의 변화를 주어야 하는 부분, 갑작스럽게 액센트를 표현해야 하는 부분들이 많으니, 그런 부분들을 잘 살려 표현해 주어야 합니다. 2번 바레이션의 5/8박자 같은 박자표가 생소할 수 있으나, 8분음표를 기준으로 일정하게 세는 것은 변함없으니 당황하지 않고 익숙해지면, 많은 현대곡들도 쉽게 친근해질 수 있습니다.

VAR. 1

Allegro moderato

VAR. 2 앞보다 약간 빠르게
Poco più mosso

Bass 중요   이음줄 이어서 치기 어렵다면 pedal 이용.

8ba – ⌐ attacca

VAR. 3

L'istesso tempo

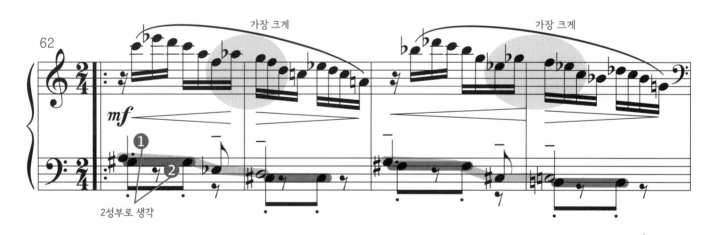

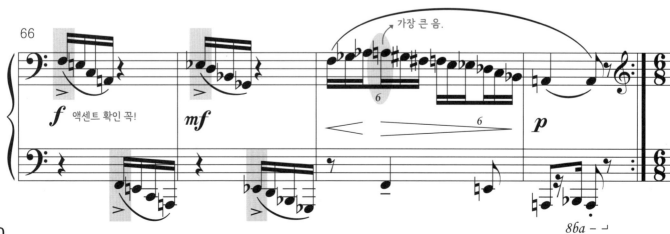

8ba – ⌐

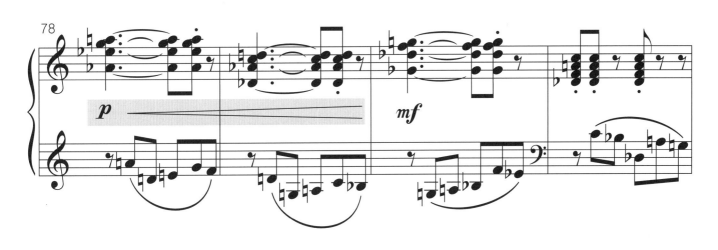

VAR. 5

Andante tranquillo

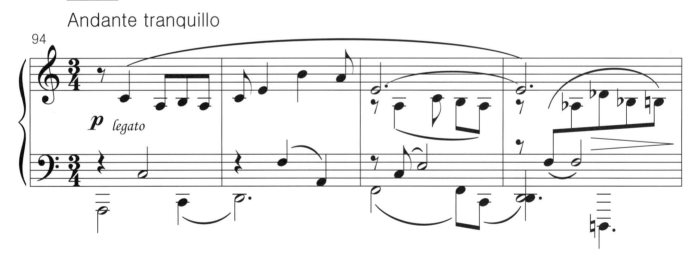

VAR. 6

Allegro ma non troppo

attacca

VAR. 7

Allegretto

VAR. 9

49

50

Andante e sempre accelerando

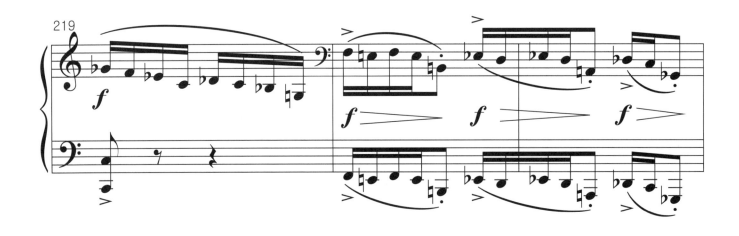

VAR. 11

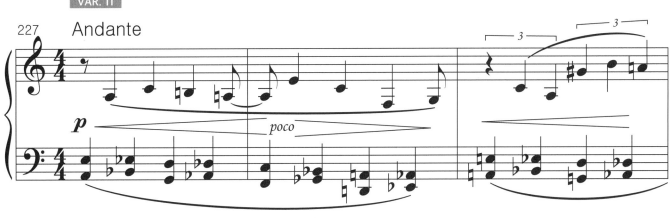

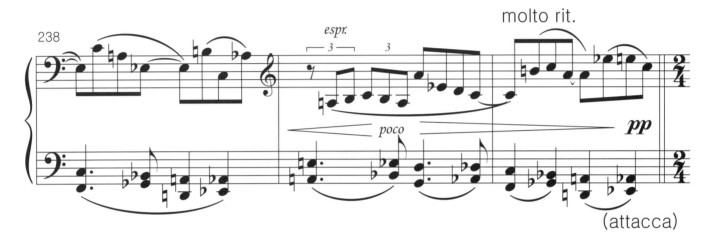

VAR. 12

Allegro energico

Meno mosso (allegretto)

Allegro energico

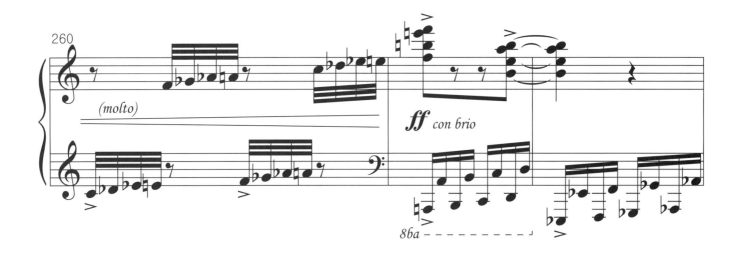

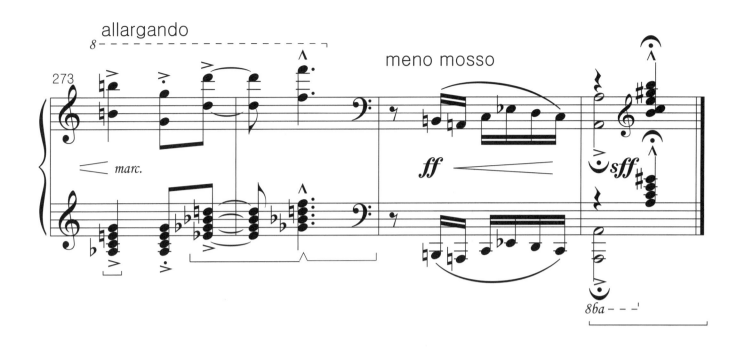

Aram Khachaturian
Toccata

Khachaturian Toccata는 Toccare(두드리다)라는 어원의 뜻대로, 피아노를 타악기처럼 두드리는 기법이 두드러지는 작품입니다. 이 곡은 반복적인 구간이나 패세지가 많아, 보이는 것보다 연주하기는 쉽지만, 효과는 화려하고 좋은 작품입니다. 조표에 플랫(b)이 6개나 있다보니, 악보 읽는 것이 조금 까다로울 수 있지만, 한 번 읽고 난 후에는 보이는 것보다 쉽게 연주할 수 있고, 들이는 힘보다 더 화려한 효과를 낼 수 있는 곡이라서, 콩쿨에서도 효과적인 결과를 낼 수 있습니다. 이 곡에서는 중요한 음과 덜 중요한 음을 잘 구분하여, 덜 중요한 음에서는 조금 힘을 빼고 연주해 주어야, 힘도 덜 들이면서 효과는 극대화 할 수 있습니다. 특히 넓은 코드들에서는, 손이 아직 다 크지 않아 힘든 학생들은, 화음을 굴리기 보다는 엄지부분을 생략하고 연주하는 것이 낫습니다. 빠른 연타가 많이 등장하고, 이 연타 부분이 화려함의 핵심이기 때문에, 손을 빨리 떼서 그 다음 음을 빠르게 연주할 수 있도록 연타를 익숙하게 하는 것이 중요하다고 하겠습니다. f와 p가 극단적으로 대조되게 연주하는 것도 이 곡의 효과를 극대화하는 중요한 포인트입니다.

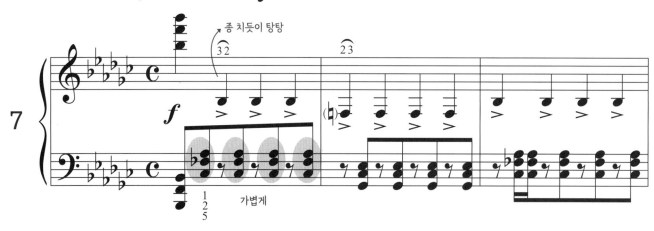

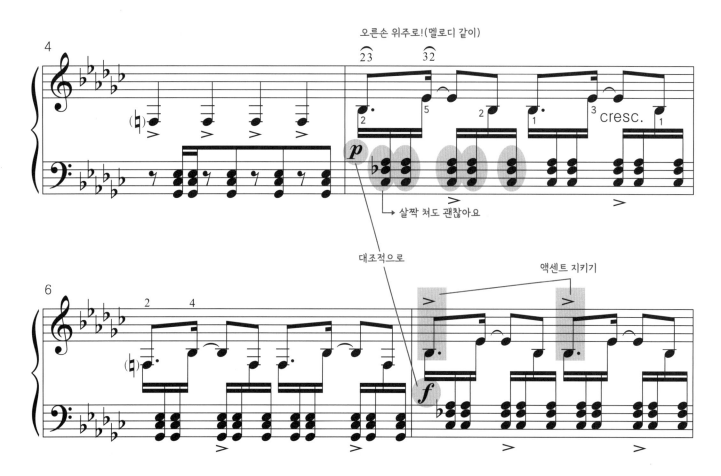

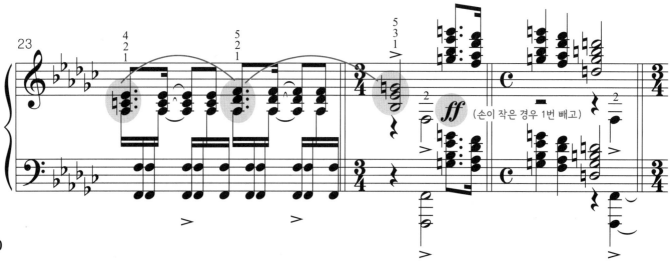

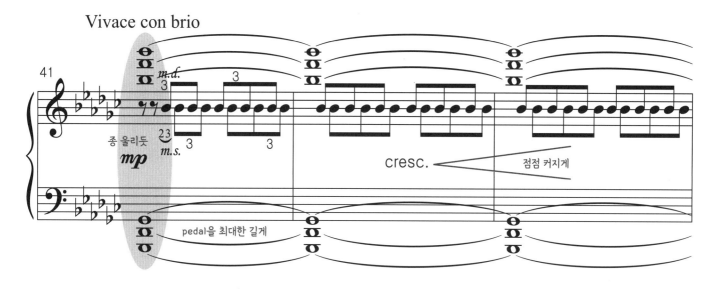

Vivace con brio

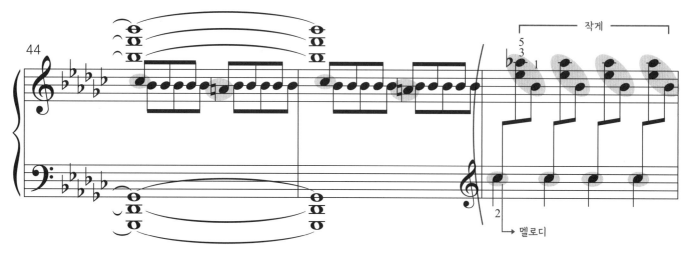

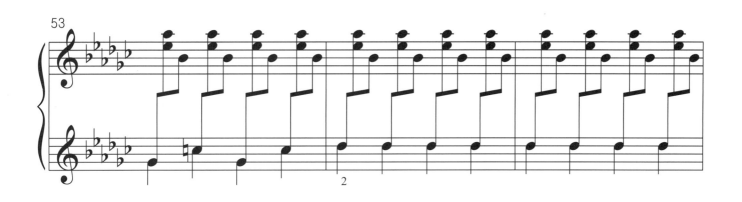

여기까지 고조되듯이

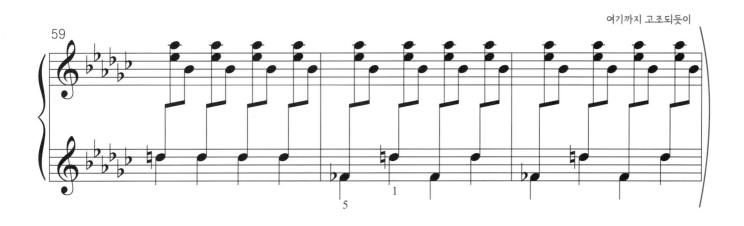

()표시된 부분까지 점점 작아지기(너무 작지는 않게)

멜로디

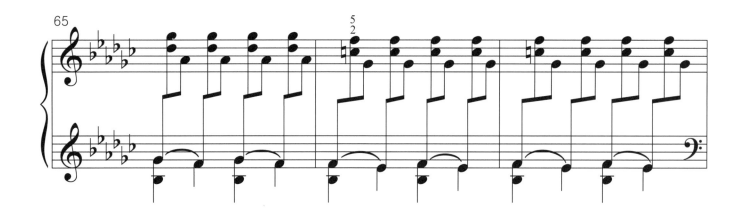

오른손 이 화음 반드시 동시에 연주.

왼손 윗소리(엄지 중요)

4분음표 단호하게 급하지 않게

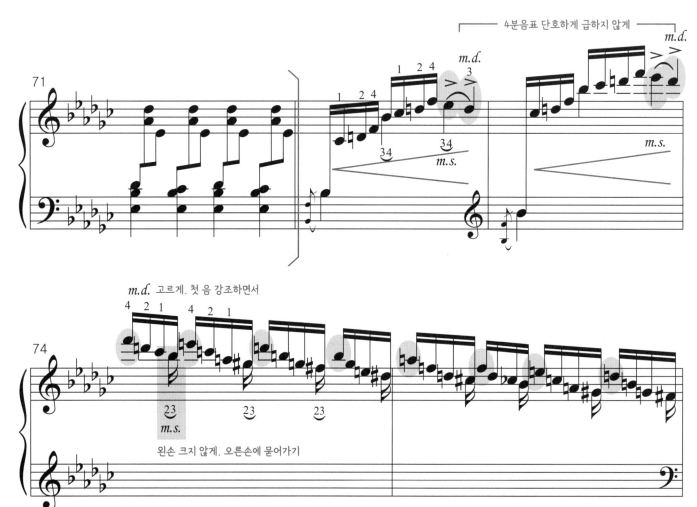

m.d. 고르게. 첫 음 강조하면서

왼손 크지 않게. 오른손에 묻어가기

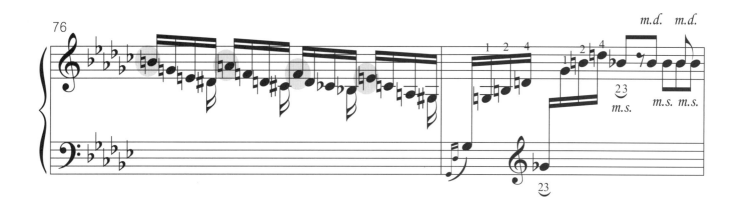

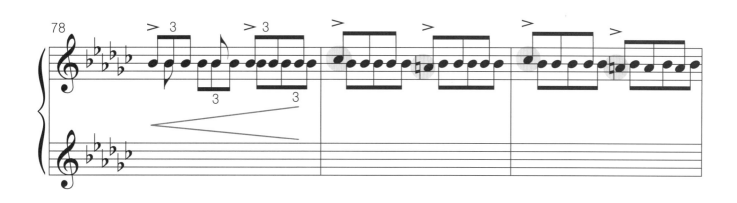

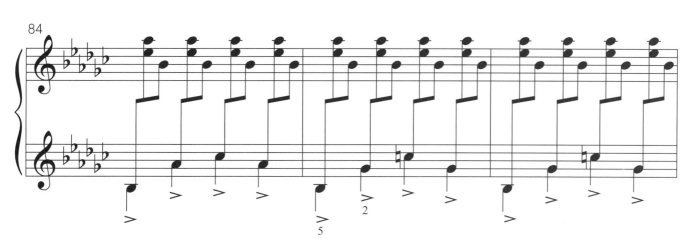

액센트 중요

왼손 엄지 중요

오른손 윗소리 5번 날카롭게.

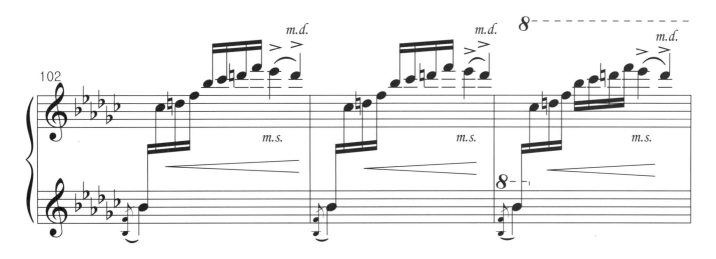

타악기 두드리듯이 고르고 빠르게

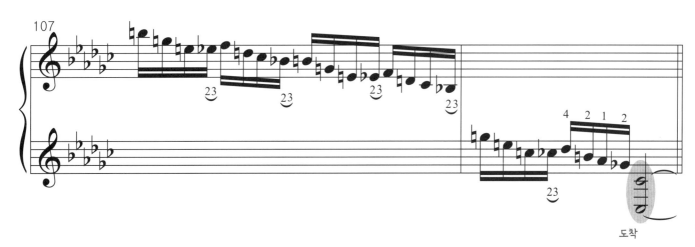

도착

Andante espressivo

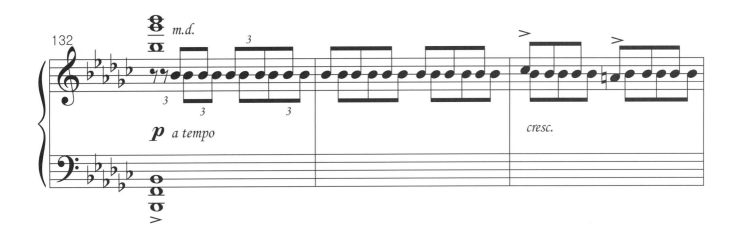

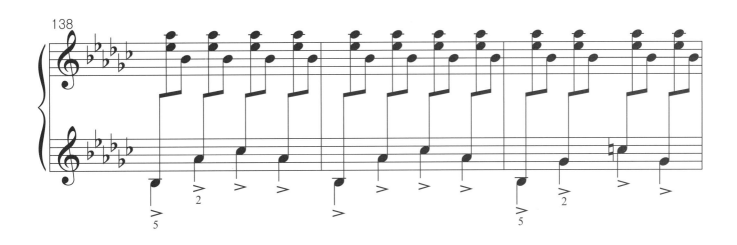

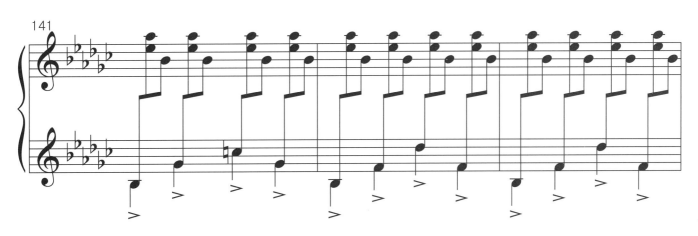

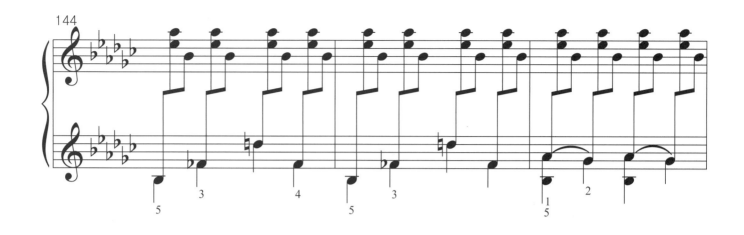

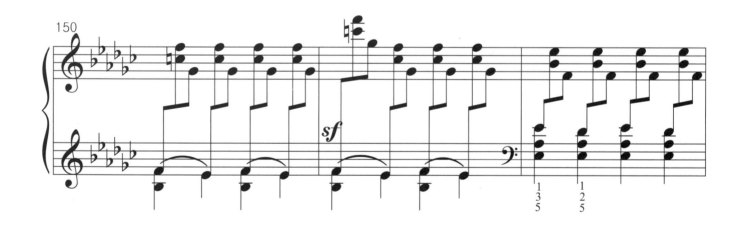

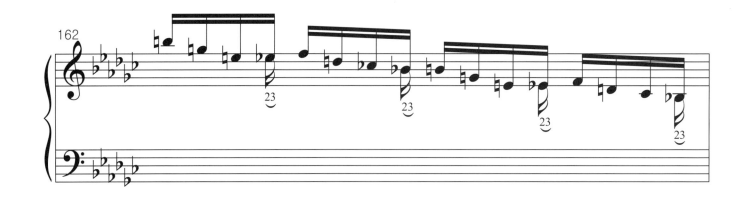

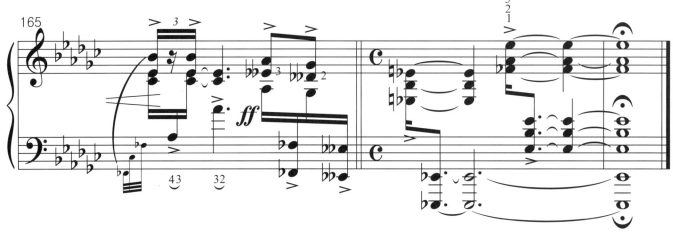

Wolfgang Amadeus Mozart
Piano Sonata No. 9 in D Major, K.311, I. Allegro con spirito

모차르트의 피아노 소나타는 모든 곡이 학생들이 꼭 공부해야 하는 중요한 작품들이지만, 잘 연주해 내기는 어떤 곡보다도 까다로운 작품들입니다. 예중이나 예고, 심지어 대학교에서도 꼭 한 학기 과제곡으로 등장하는 곡이 모차르트 소나타인데도, 웬만하면 다른 작곡가의 곡을 추천할 만큼, 점수를 얻기에 어려운 곡이 모차르트 소나타이기도 합니다. 그중 D Major, K.311은 임윤찬 피아니스트가 반 클라이번 콩쿠르에서 연주하기도 했었던 곡입니다. 밝고 경쾌하면서, 다양한 표현들을 보여줄 수 있어 효과적인 작품입니다. 악보만 보기에는 앞서 다룬 다른 곡들보다 쉬워 보일지 모르겠지만, 이 곡을 잘 친다면 그 어떤 곡을 잘 친 학생보다 좋은 점수를 받을 수 있을 정도로 변별력이 있고 음악적 가치가 높은 곡입니다.

모차르트를 연주할 때는 레가토 패세지가 나온다고 해서 페달을 많이 사용하거나 밀어서 표현해서는 안 되고 소리가 한 알 한 알 진주알처럼 빛나야 합니다. 그러기 위해서는 손끝을 단단하게 하고 모든 손가락이 동일한 각도와 면적으로 건반에 닿는 것이 중요하다고 하겠습니다. 악보에 기초하여 다양한 대조적 악상과 노래, 대화하듯 반복하는 구간들을 잘 표현해 내고, 전체적으로 건강하고 좋은 소리로 연주하는 것이 이 곡을 잘 연주하는 데 가장 중요한 요소입니다.

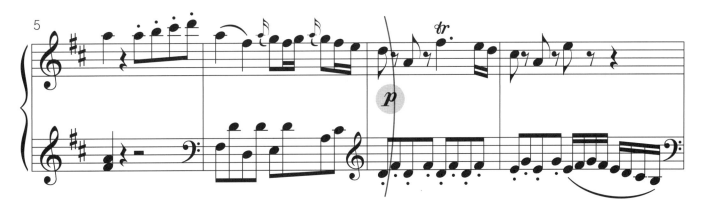

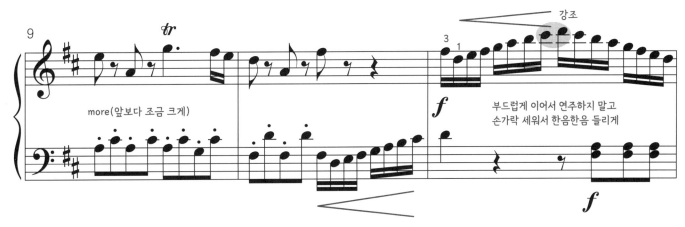

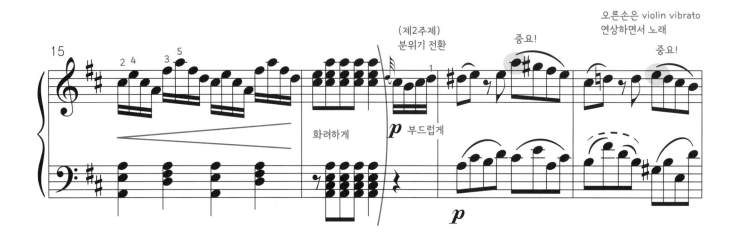

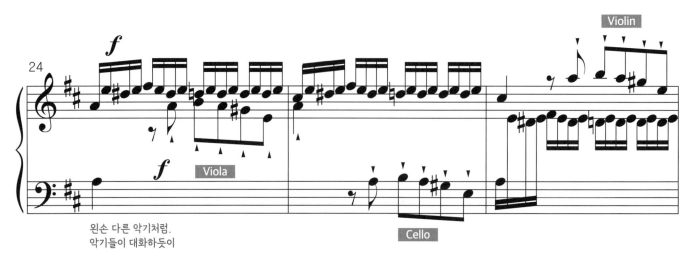

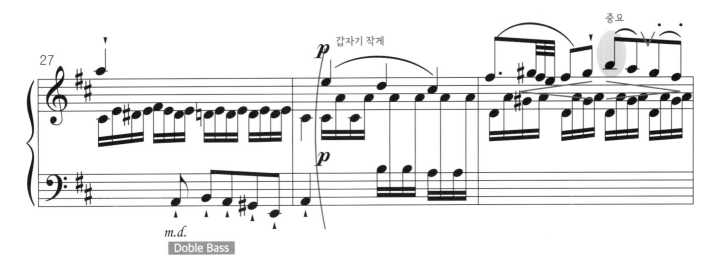

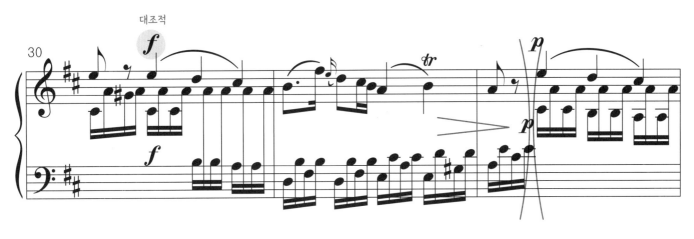

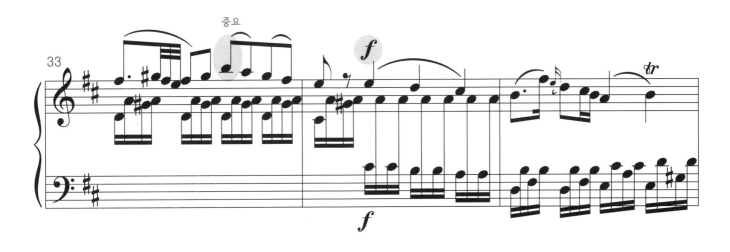

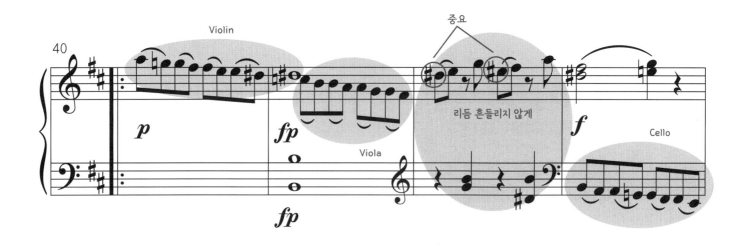

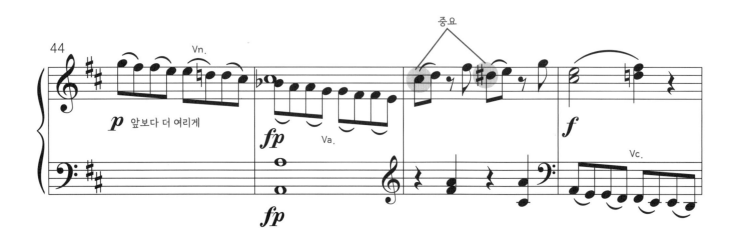

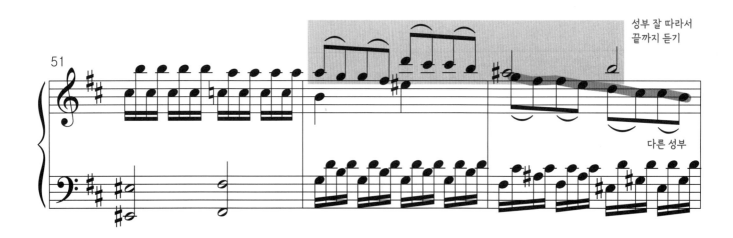

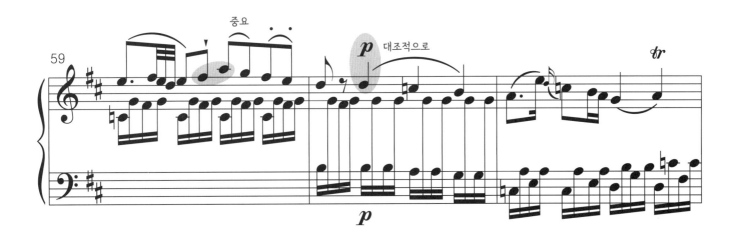

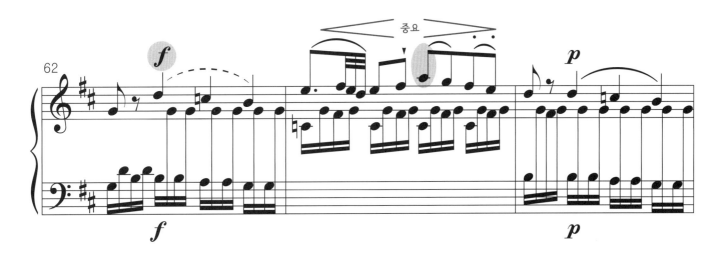

점점 상승

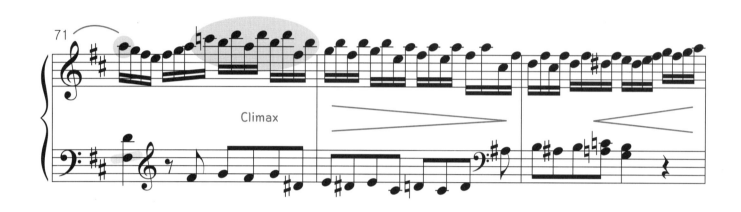
Climax

중요

less 약간 여리게

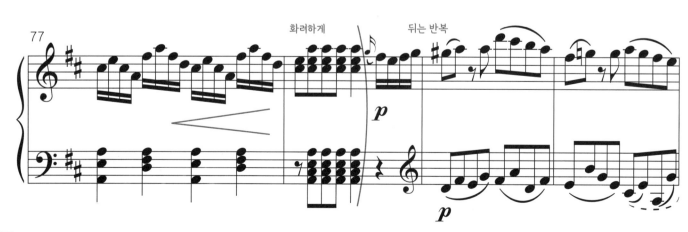
화려하게

뒤는 반복

p

p

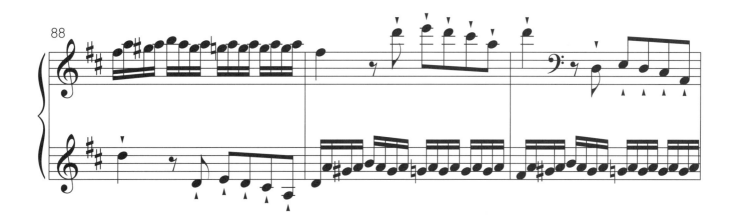

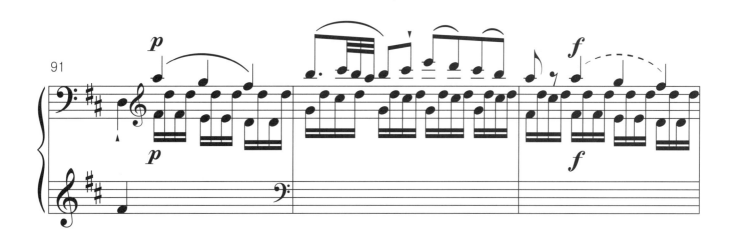

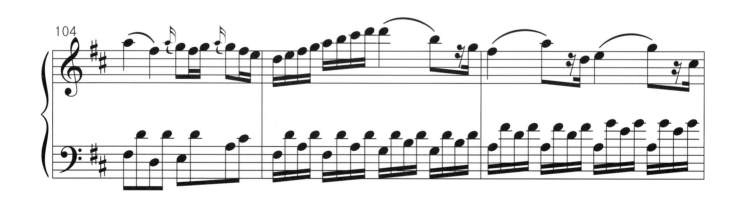

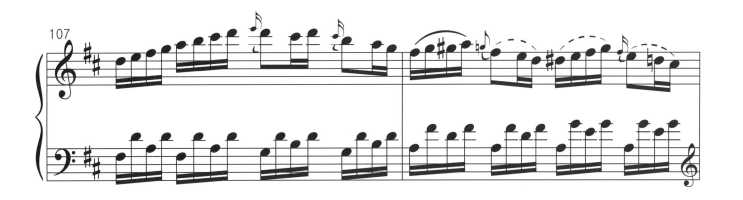

Joseph Haydn
Piano Sonata in F Major, Hob. XVI:23, I. Allegro moderato

하이든의 많은 소나타들은 동시대의 어떤 작품보다 캐릭터가 확실하고 효과적인 경우가 많습니다. 이 책에서 소개할 F Major 소나타도 어린 학생들이 연주할 수 있으면서도 잘 연주했을 때 효과가 아주 뛰어나, 좋은 결과를 얻을 수 있는 작품입니다.

첫 시작의 빠르기를 너무 빠르게 잡지 말고, 8분음표의 탄력 있는 리듬을 여유 있게 잘 살려주어야 합니다. 21마디부터 나오는 32분음표의 빠른 움직임이 있기 때문에, 너무 빠른 템포로 시작하면 빠른 음표들이 충분히 노래지 못하고 뭉개질 수 있습니다.

같은 패세지가 반복될 때 f와 p로 번갈아가며 대조적으로 연주하는 것은 그 당시의 관습입니다. 대조를 잘 살려주는 것이 좋습니다. 또 같은 패세지이지만 시작 음을 바꾸어가며 고조시키거나, 가라앉히거나 하는 패세지가 많은데, 시작음들의 움직임을 잘 살펴서 그것에 어울리는 음악을 만들어 주어야 합니다. 이는 악보에 자세히 표기해 두었으니 잘 살려서 연주해보세요. 또한 빠른 음표들이 나왔을 때 밀거나 페달 사용하지 않고, 손끝으로 두드린다는 느낌으로 하나하나 소리를 살려주는 것이 중요합니다.

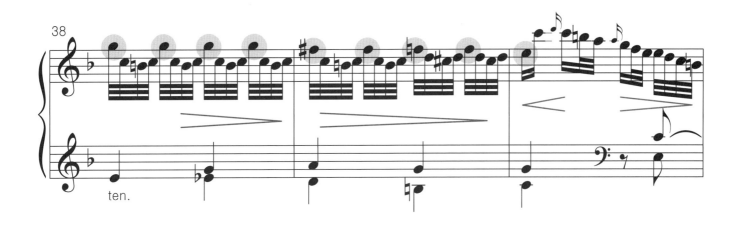

악기가 바뀐 느낌. 앞보다 더 낮아진 음역을 느껴보세요.

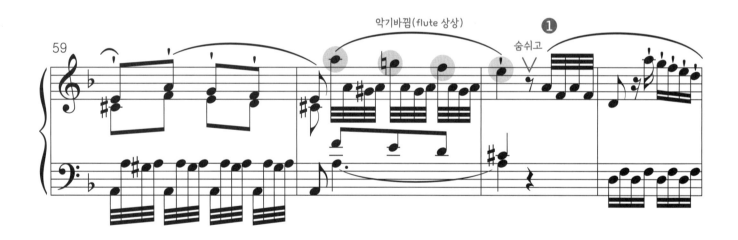

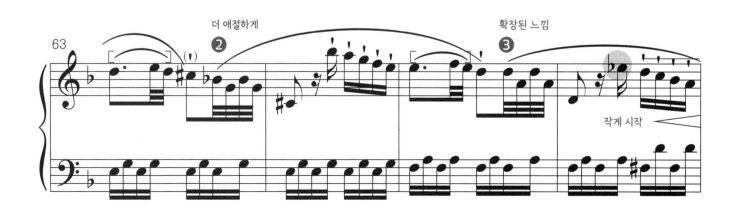

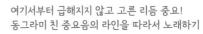

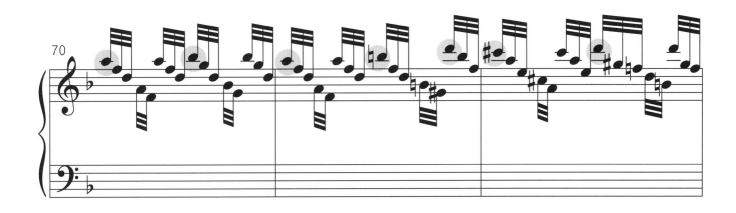

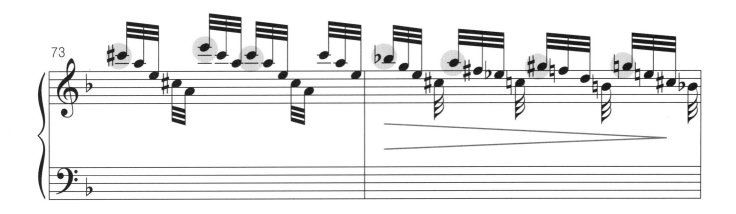

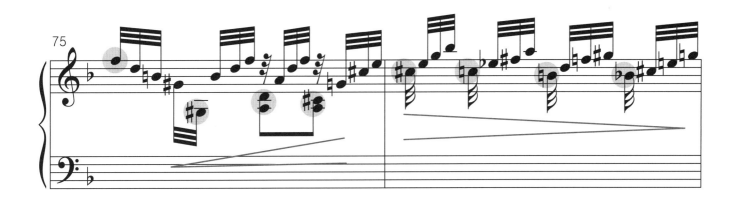

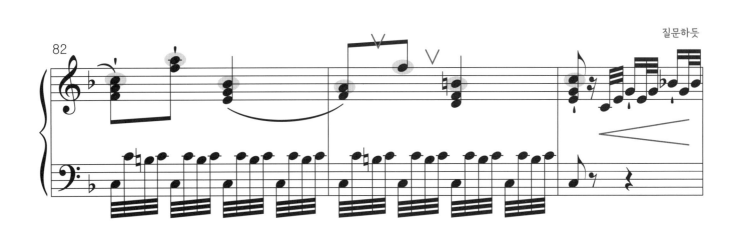

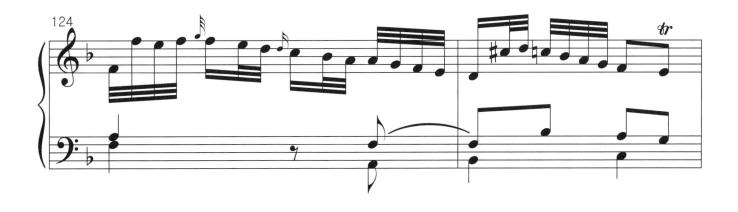

Robert Schumann
Papillons, Op. 2

슈만의 파필론(나비)는 슈만의 대표적인 캐릭터 피스 중 하나입니다. 낭만주의 시대에 접어들면서, 소나타나 변주곡 같은 장르에서 벗어난, 작곡가의 자유로운 상상력을 발휘하는 짧은 소품들을 모아서 출판하는 캐릭터 피스가 유행하였습니다. 슈만은 낭만주의를 대표하는 캐릭터 피스들을 작곡한 대표적인 작곡가입니다. 이 작품은 짤막짤막한 12개의 소품이 하나하나마다 특징적 캐릭터를 가지고 등장하므로, 쓰여있는 템포 기호와 소품 하나하나만의 특징들을 잘 캐치하여 표현하는 것이 중요합니다. 또한 슈만의 작품은 여러 개의 층(Layer)을 가지기 때문에, 그러한 층들을 하나하나 살려서, 마치 '크로와상의 결'과같이 세밀하게 표현해주는 것이 중요합니다. 또한 슈만은 다양한 인물이 자기 안에 살고 있었던 사람이었습니다. 그만큼, 변덕스럽고 다양한 캐릭터들이 빈번하게 바뀌며 음악에서 드러나는데, 이러한 특징들을 잘 살려주어야 이 작품을 좀 더 살아있는 느낌의 음악으로 표현할 수 있고, 그렇게 연주해야만 좋은 점수를 받을 수 있습니다.

또한 오케스트라처럼 피아노를 이용한 사운드를 상상해야 하는 부분이 많으므로, 오케스트라 악기 중 어떤 악기가 어떤 부분에 어울릴지 상상해 보는 것도 아주 좋습니다. 이 작품에서 나타나는 슈만의 개성을 잘 이해한다면, 앞으로 슈만의 아주 어려운 캐릭터 피스들도 잘 소화할 수 있기 때문에, 이 작품이 초등학교 고학년 주요 콩쿨곡과 입시곡으로 잘 등장합니다. 그 어떤 곡보다도 상상의 나래를 마음껏 펼쳐서, 하나하나 소품마다 이야기를 만들어 보세요.

분위기 바꿔서 씩씩한 행진하듯이

NO. 3

너무 크지 않게 시작하기

중요하게. 절대 빨리 나오지 않게

8분음표 무겁지 않게

둘다 중요

> 왼손 중요. 오르간 페달처럼

이제 진짜 크게

Canon (돌림 노래)

양손 둘 다 중요하게

숨쉬고 분위기 전환

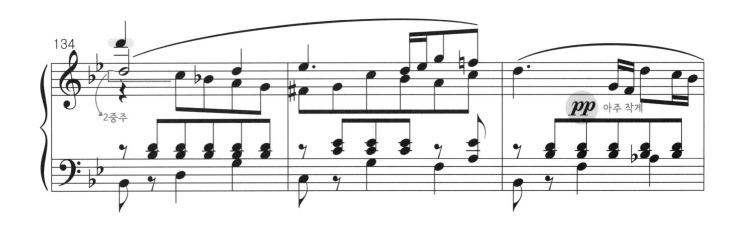

NO. 6

화음이지만 단선율 멜로디처럼 생각하기

질문 sf

1. 2. 대답 sf

sf ff sf 숨쉬고

약간 여유있게

NO. 7

Semplice. (♩. = 58.)

pp 허밍하듯이

└→ 왼손은 기타 뜯듯이

윗 소리를 바이올린 노래하듯이(액센트 부분에 비브라토 있다고 상상하기)

mf

밑의 선율을 가능한 한
작고 가볍게

Bass
기대듯이

나머지 소리
블렌딩하듯 작게

Ped. ✳

NO. 8

♩ = 132.

오케스트라 전체가 연주하듯이
하지만 오른손 윗소리를 살려서.

ff

8분음표가 무겁지 않게

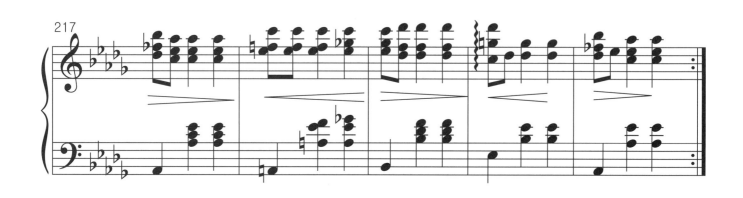

NO. 9

Prestissimo ♩ = 112.

멜로디처럼

색깔을 섞어쓰듯
힘빼고

가볍게 윗소리 위주로 진행하듯이

왼손은 힘빼고. 크지 않도록 유의

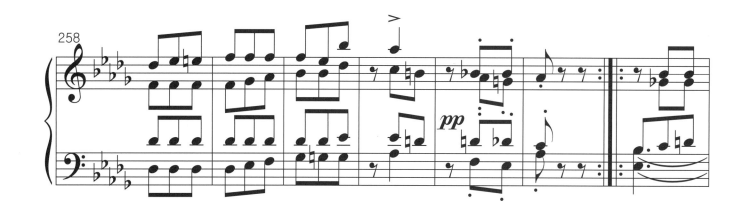

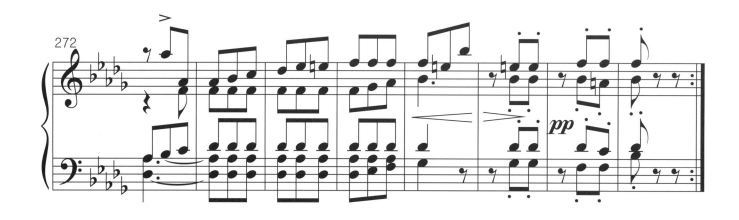

NO. 10

Vivo. ♩. = 108.

가볍게 기대듯이

NO. 11

♩ = 112.　오케스트라 같은 사운드

Piu Lento

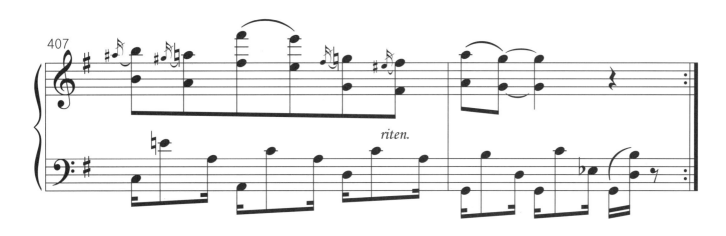

NO. 12

FINALE.

다시 처음을 회상하듯이 여유있게

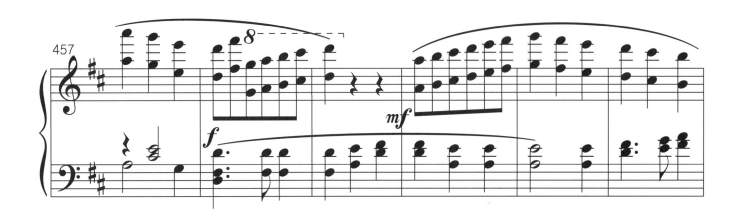

하나씩 사라지듯이

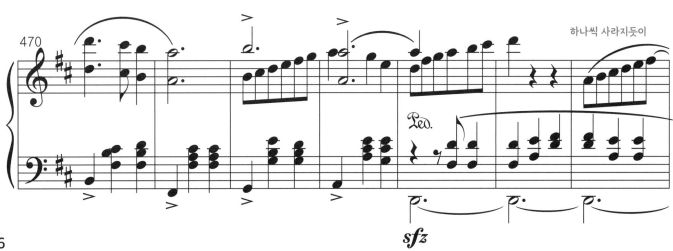

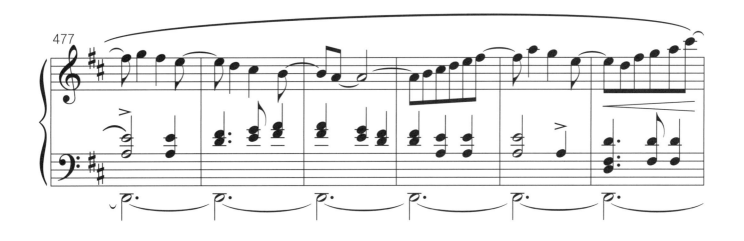

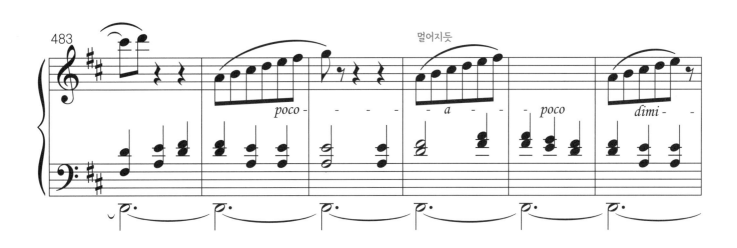

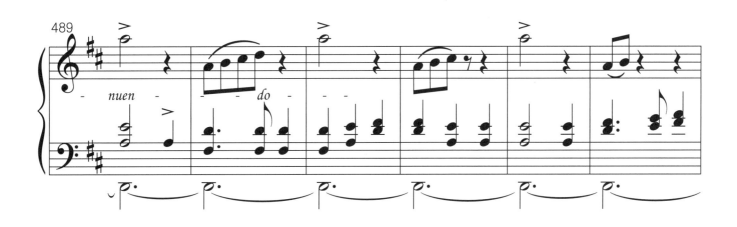

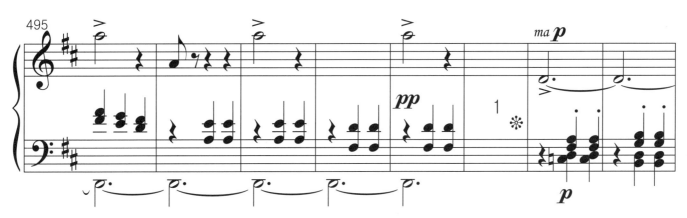

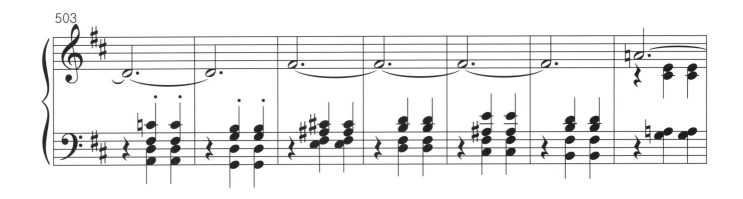

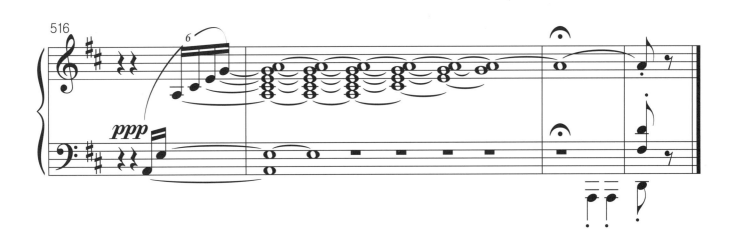

Franz Schubert
Impromptu in B-flat Major, Op. 142, No. 3 (D. 935)

슈베르트의 즉흥곡 Op.142, No3 작품은 몇십년 전부터 지금에 이르기까지, 중요한 콩쿨이나 예중 입시곡으로 자주 등장했던 곡입니다. 그만큼, 음악적인 가치나 변별력이 이미 검증된 작품이지요. 이 작품에서는 '가곡의 왕'이었던 슈베르트의 노래를 마음껏 느끼고 부를 수 있습니다. 멜로디가 이미 가곡 같아서, 가사만 붙이면 바로 가곡이 될 수 있는 부분이 정말 많습니다. 그런 만큼, 피아노로 얼마나 사람의 목소리처럼 노래 부를 수 있는지가 아주 중요한 작품입니다. 또한 바레이션마다 달라지는 분위기를 살려서, 각 바레이션의 특성이 드러날 수 있게 첫 음부터 분위기를 잘 잡아야 합니다.

또한 오케스트라적인 화음 사용도 많기 때문에, 피아노에서는 윗소리를 잘 내주는 것이 아주 중요합니다. 많은 음들이 한꺼번에 나올 때에는, 피아노에서는 자칫 지저분하거나 무겁게 들리기가 쉽기 때문에, 윗소리를 아주 잘 내줄 수 있도록 5번에 무게를 많이 실어주세요. 왼손은 베이스를 중요하게, 나머지 화음들이 잘 블렌딩된다는 느낌으로 가볍게 연주해주어야 오른손 소리를 뒤덮지 않고 좋은 밸런스를 유지할 수 있습니다.

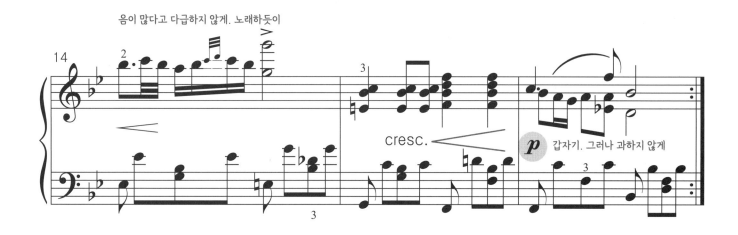

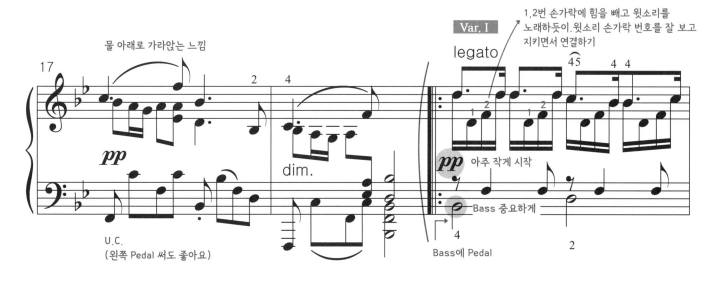

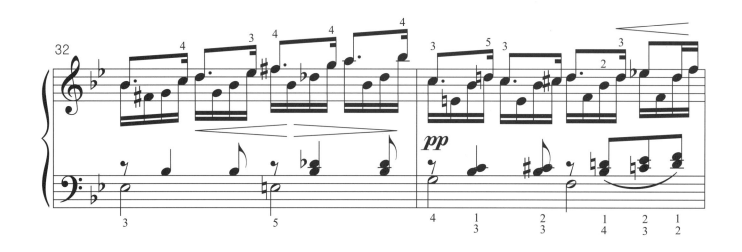

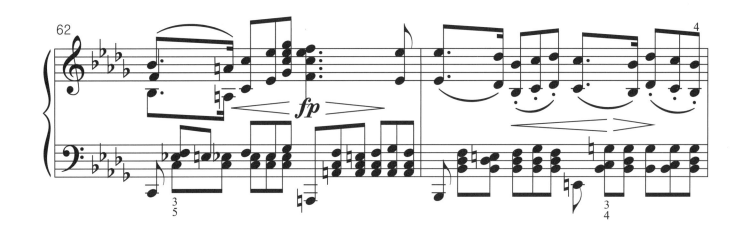

악기군이 바뀐듯한 느낌. 더 높은 음역에서 더 절절한 노래로

절대 때리지 말고
풍성하게 울려주듯이

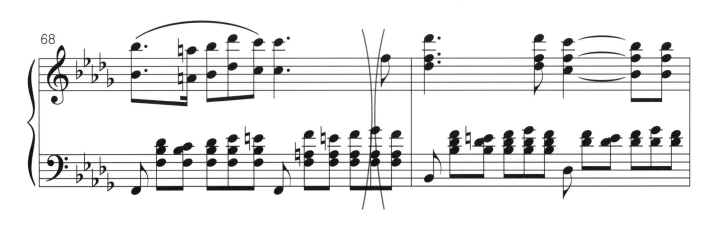

처음으로 〈fp〉가 없어짐.
잔잔하게 가라앉는 느낌

f 감정이 폭발하듯이

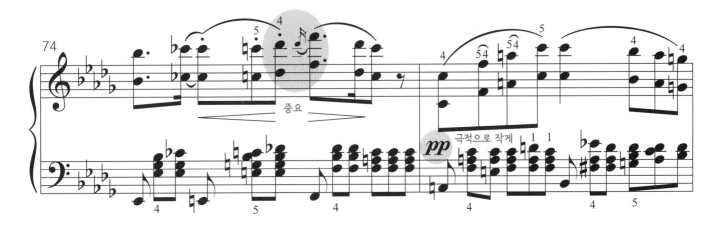

중요

pp 극적으로 작게

가장 Climax

극적인 cresc.

f

왼손이 오른손보다 커지지 않게 주의

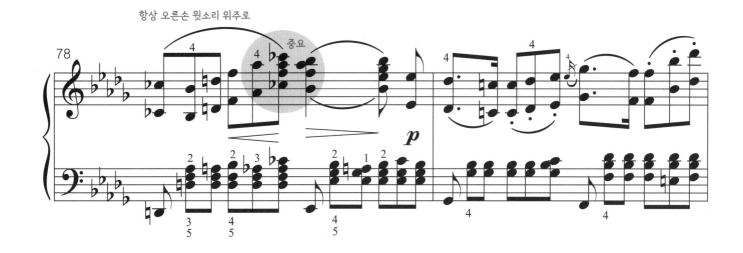

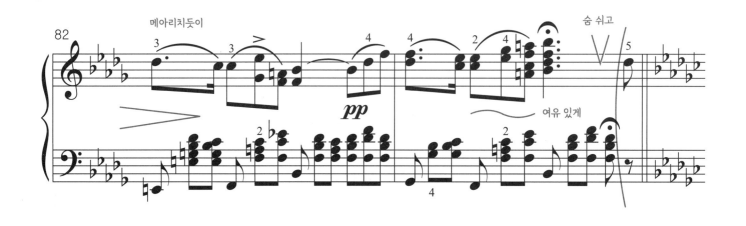

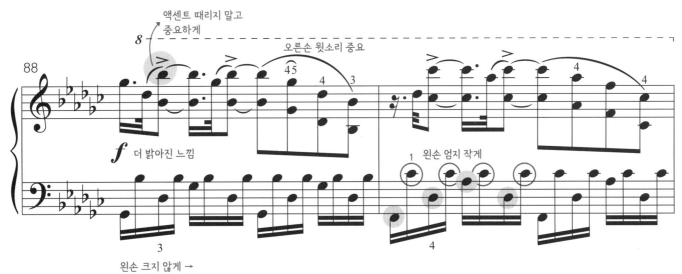

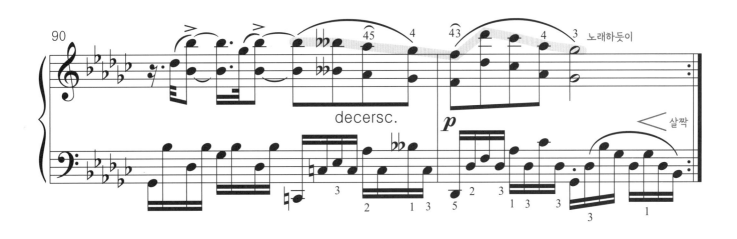

부드럽게 Bass 연결

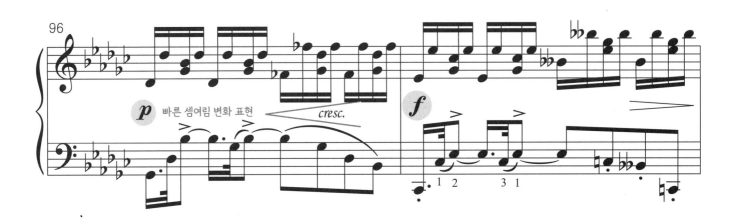

빠른 셈여림 변화 표현

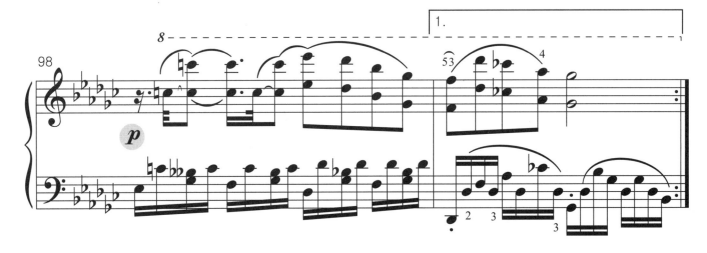

1.

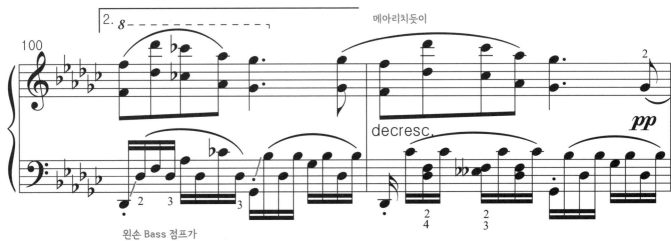

2.

메아리치듯이

decresc.

pp

왼손 Bass 점프가
멀게 느껴지지 않고 잘 연결되게

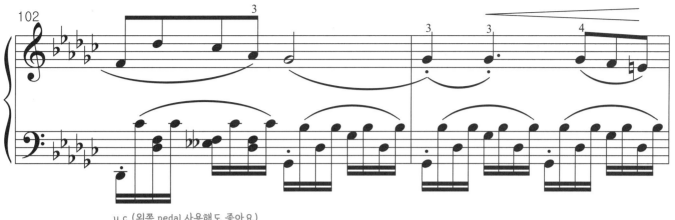

u.c.(왼쪽 pedal 사용해도 좋아요)

평온하고 긴 phrase

dim.

Var. V

오른손 16분음표 리듬 무너지지 않게.
아주 고른 박 느껴지도록.

pp

오른손의 굴곡 따라
살짝씩 cresc.decresc. 해주기

다음 phrase로
연결해주는 부분.

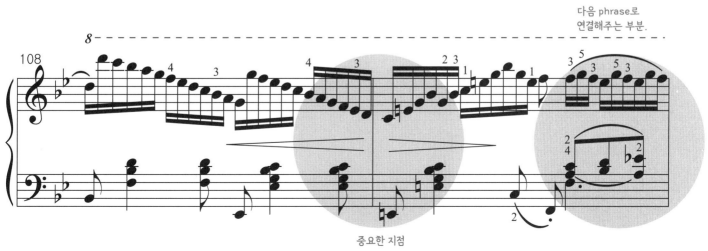

중요한 지점

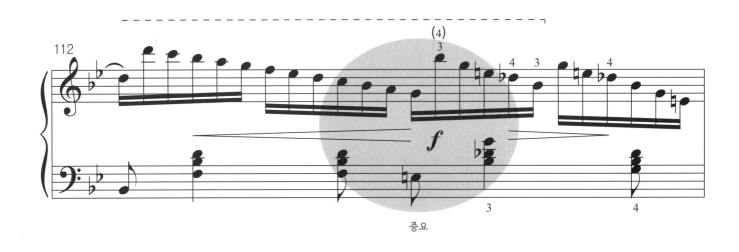

중요

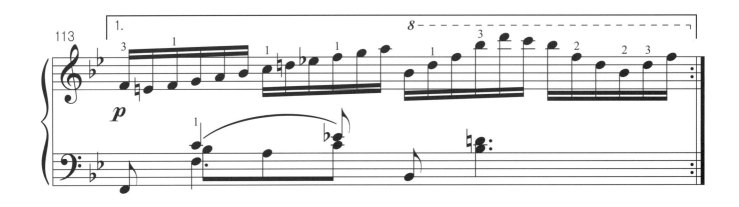

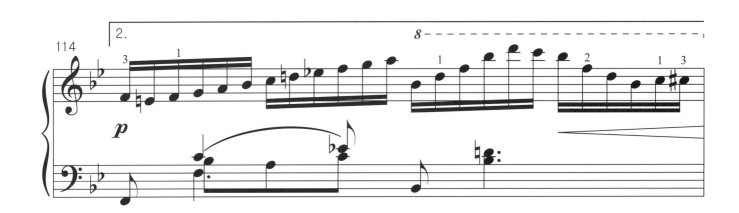

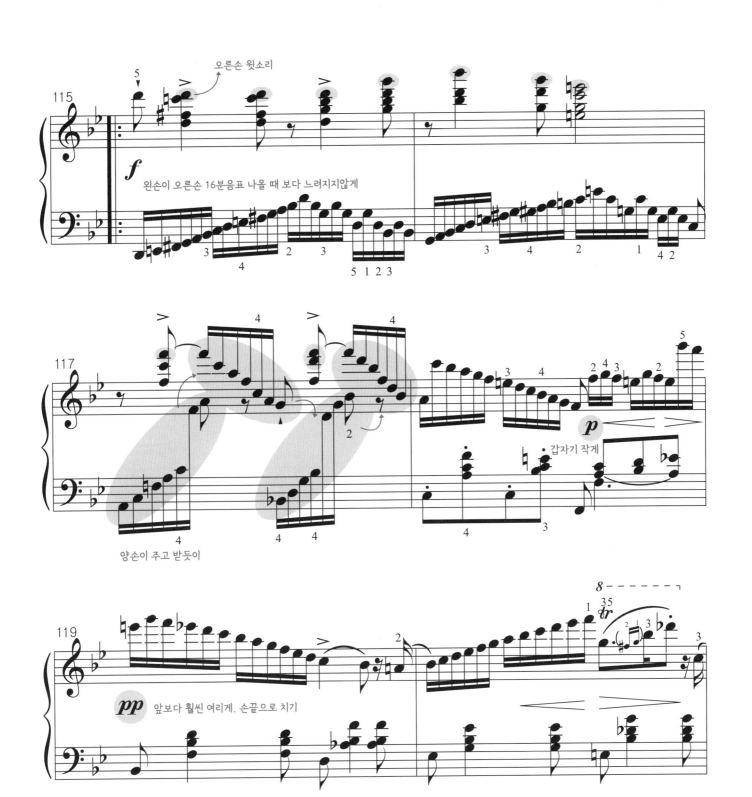

양손이 주고 받듯이

중요

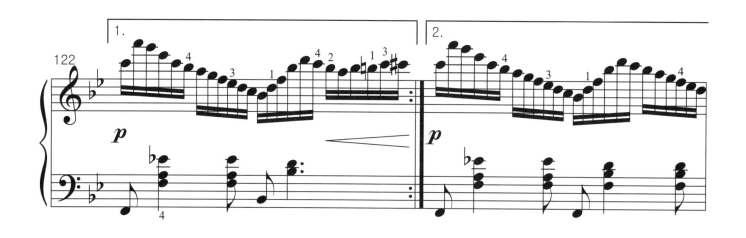

심사위원 정소윤의 콩쿨 정복 Tip!

1. 콩쿨 종류와 차이점

콩쿨에는 크게 두 가지 종류가 있습니다. 하나는 지정곡 없이 자유곡으로 예·본선이 없는 콩쿨, 그리고 지정곡이 있고 예선과 본선으로 나누어지는, 조금 더 난이도 있는 콩쿨이 있습니다.

첫 번째 콩쿨은 학생들이 많이 참여하여 참가자가 몇백 명에 이르기도 하는데, 이 경우 오랜 시간 평가할 수 없어 1–2분 정도 짧게 듣는 경우가 많습니다. 특히 초등학생 참가자들이 많은 편이고, 상의 종류와 수도 많습니다. 이런 콩쿨은 참가하여 연주해 보는 것에 의의를 두는 경우가 많고, 상을 줌으로써 학생들을 격려하는 것을 목표로 하는 경우가 많습니다.

두 번째 콩쿨은 전공을 염두에 둔 학생들이 많이 참가하고, 지정곡 자체에 난이도가 있어 누구나 참여하기 어렵습니다. 상의 종류도 제한되어 있으며, 본선에서는 전곡을 듣거나 6–7분 가까이 길게 듣고 평가하는 경우가 많습니다. 전공을 해도 되는지 궁금하다면 이러한 콩쿨에 꾸준히 도전해 보면서 자신의 객관적인 실력을 평가받아 보는 것이 좋습니다.

2. 심사 기준과 평가 방식

작은 콩쿨이든, 큰 콩쿨이든, 일반적으로 다른 기준을 가지고 평가하지는 않습니다. 다만 잘하는 학생들이 많이 참가하면 기준 자체가 높아질 수밖에 없기 때문에 실수에도 좀 더 엄격한 기준을 적용하게 되고, 좀 더 디테일한 요구 사항들을 평가하게 됩니다.

예를 들면 참가자들의 수준이 높지 않다면 실수 없이 깨끗하게 연주하는 것, 리듬감 있게 일정한 고정 박자를 잘 지키는 것, 예쁘고 또박또박한 명료한 소리를 내는 것만으로도 좋은 성적을 거둘 수 있습니다. 그러나 큰 콩쿨에서는 그런 기준을 모두 만족시키는 참가자가 대부분입니다. 따라서 곡에 맞는 다양한 표현을 하는가, 페달을 얼마나 섬세하게 밟는가, 자신의 소리를 귀로 잘 들으며 다채로운 음색을 내는가, 얼마나 호흡을 길게 끌고 갈 수 있는가 등의 더 수준 높은 기준을 만족시키는 참가자들이 좋은 점수를 받게 됩니다.

3. 콩쿨 참가자들이 흔히 범하는 실수

경험이 부족한 학생일수록 무대에 섰을 때 급하거나 서두르게 됩니다. 그러나 급하고 서두르는 연주는 아무리 잘하는 부분이 있어도 꽤 서투르게 보입니다. 따라서 커다란 프레이즈가 끝났을 때 숨을 쉬어야 할 때 등 여유 있게 호흡하는 부분들을 잘 챙겨야 하고, 자신이 자꾸 급해지는 부분들을 체크해 보며 여러 차례 녹음 등을 통해 급해지지 않도록 하는 것이 아주 중요합니다.

또한 작은 실수에 전체가 무너지지 않도록 하는 것도 중요합니다. 지나가면서 하는 작은 실수들은 결과에 크게 영향을 주지 않는 경우가 많습니다. 오히려 그 실수들에 크게 마음이 흔들리면

서 그 이후 페이스가 무너지는 것이 결과에 영향을 주는 것입니다. 작은 실수가 있더라도 빨리 잊고 자신의 페이스를 찾는 것이 아주 중요합니다. 또한 멈추거나 다시 치는 실수는 작은 실수에 속하지 않기 때문에 어느 부분이 마음에 들지 않더라도 멈추거나 다시 치지 않도록 유의해야 합니다.

4. 콩쿨 준비 팁

콩쿨에서 연주하는 것은, 아무리 콩쿨이어도 '연주'임을 기억해야 합니다.

연주는 집이나 학원에서 연습하는 것과는 다릅니다. 연주는 언제나 듣는 사람, 즉 관객이 있음을 고려해야 합니다. 따라서 녹화나 녹음을 해보면서 내 연주가 관객이 듣기에 어떻게 들리는지 확인해 보는 것이 아주 중요합니다. 내가 표현하고자 했던 셈여림이 녹음을 통해서 들어도 그렇게 들리는지, 일정하게 연주했다고 생각했던 템포가 정말 흔들리지 않는지, 듣는 사람의 입장에서 확인해 보는 것입니다. 이러한 훈련은 좋은 연주를 하는 데 매우 중요합니다.

또한 녹화나 녹음을 하면서 틀리지 않고, 실수하지 않고, 한 번에 쭉 연주하는 훈련을 해보는 것도 아주 중요합니다. 학생들 중에는 부분 부분은 잘 치지만, 전체를 연주할 때 실수가 자꾸 나오는 경우가 많습니다. 실수하지 않고 연주하는 것도 훈련이 필요하기 때문에 콩쿨 전에 미리 부분이 아닌 전체를 연주하는 연습을 하는 것이 좋습니다.

5. 콩쿨을 준비하는 학생과 선생님, 학부모님께

전공을 하든 하지 않든, 콩쿨에 도전하여 연주해 보는 것은 학생들에게 아주 좋은 성장의 계기가 됩니다. 작은 콩쿨부터 시작하여 난이도 있는 큰 콩쿨까지 자신에게 맞는 콩쿨을 찾아 최선을 다해 준비하고 연습하는 모든 과정은 학생들에게 인생에서 아주 중요하고 소중한 경험이 될 것입니다.

열심히 준비했는데도 그만큼의 결과를 얻지 못했거나 무대 공포증이 심한 학생들은 더 작은 콩쿨들에 많이 도전해 보며 무대 경험을 쌓고, 작은 성공의 경험들을 쌓아 나가는 것이 도움이 됩니다.

무대에서는 누구나 온전히 혼자가 됩니다. 학생들이 선생님과 학부모님의 도움으로 열심히 준비했더라도 무대에서 혼자 모든 것을 책임지고 준비했던 것을 쏟아내는 순간을 경험하는 것은 무척 소중한 것입니다. 그 결과가 좋은 상이든 아니든, 최선을 다한 준비와 무대 위에서의 책임감을 경험한 학생들의 성장은 더 말할 필요가 없습니다. 학생들이 아름다운 음악을 배우며, 콩쿨에 도전하면서 내면의 성장도 함께 이루어 나가기를 응원하고 기대합니다.

현직 심사위원 정소윤의

피아노 콩쿠르
대상 비밀

초판 1쇄 2024년 12월 2일
초판 발행일 2024년 12월 2일

편저 정소윤
발행인 차영은 차차프렌즈
편집 김희진 김유민
디자인 이재란 이현중

발행처 (주)차차프렌즈
출판등록 제 2021-000058호
주소 서울특별시 중구 세종대로 14, 509호
전화 010-2600-7149   **팩스** 0504-389-7149

ISBN 979-11-978158-3-6(03670)